Martina Weber
ARBEITSRECHT

Inhaltsübersicht

Seite

Einführung 1

1. Kapitel: Grundlagen und Grundbegriffe 3
    Individual- und Kollektivarbeitsrecht
    Arbeitnehmerbegriff, arbeitnehmerähnliche Person
    Wiederholungsfragen
    Fall 1

2. Kapitel: Begründung des Arbeitsverhältnisses 12
    Zustandekommen des Arbeitsvertrages
    Das anfechtbare Arbeitsverhältnis
    Fall 2
    Wiederholungsfragen

3. Kapitel: Rechte und Pflichten aus dem Arbeitsverhältnis 21
    Hauptpflichten, Direktionsrecht, Grundrechte
    Fall 3
    Nebenpflichten
    Wiederholungsfragen

4. Kapitel: Leistungsstörungen im Arbeitsverhältnis 29
    Vertretenmüssen durch den Schuldner / Arbeitnehmer
    Fall 4
    Vertretenmüssen durch den Gläubiger
    Weder vom Schuldner noch vom Gläubiger zu vertreten
    § 616 BGB, Entgeltfortzahlungsgesetz
    Wiederholungsfragen
    Annahmeverzug, Betriebsrisiko, Wirtschaftsrisiko
    Fall 5
    Fall 6
    Wiederholungsfragen

5. Kapitel: Haftungsrecht 49
    Haftung des Arbeitnehmers bei betrieblich veranlasster Tätigkeit
    Fall 7
    Wiederholungsfragen

6. Kapitel: Übergang des Arbeitsverhältnisses nach § 613 a BGB . 57
    Voraussetzungen und Rechtsfolgen
    Trotz Betriebsübergangs zulässige Kündigungen
    Fall 8
    Wiederholungsfragen

7. Kapitel: Beendigung des Arbeitsverhältnisses **63**
    Übersicht: Möglichkeiten zur Beendigung eines
    Arbeitsverhältnisses
    Die ordentliche Kündigung
    Sonderfall: Änderungskündigung
    Wiederholungsfragen
    Fall 9
    Die außerordentliche Kündigung, § 626 BGB
    Umdeutung
    Sonderfälle: Verdachtskündigung, Druckkündigung
    Fall 10
    Wiederholungsfragen

8. Kapitel: Koalitionsrecht **91**
    Schutz der Koalitionsfreiheit in Art. 9 Abs. 3 GG
    Begriff der Koalition
    Schutzbereich der Koalitionsfreiheit
    Wiederholungsfragen
    Fall 11

9. Kapitel: Tarifvertragsrecht **99**
    Inhalt eines Tarifvertrags
    Geltungsbereich eines Tarifvertrags
    Abweichende Vereinbarungen im Arbeitsvertrag
    Prüfung eines Anspruchs aus einem Tarifvertrag
    Einzelne Klauseln
    Wiederholungsfragen

10. Kapitel: Arbeitskampfrecht **105**
    Der Streik
    Die Aussperrung
    Wiederholungsfragen

11. Kapitel: Betriebsverfassungsrecht **111**
    Geltungsbereich des BetrVG
    Organe der Betriebsverfassung
    Beteiligungsrechte des Betriebsrats
    Wiederholungsfragen

Stichwortregister

Abkürzungsverzeichnis

Gesetze

ArbGG	Arbeitsgerichtsgesetz
ArbZG	Arbeitszeitgesetz
BetrVG	Betriebsverfassungsgesetz
BGB	Bürgerliches Gesetzbuch
BUrlG	Mindesturlaubsgesetz für Arbeitnehmer (Bundesurlaubsgesetz)
BZRG	Bundeszentralregistergesetz
EFZG	Entgeltfortzahlungsgesetz
GewO	Gewerbeordnung
GG	Grundgesetz
HAG	Heimarbeitsgesetz
HGB	Handelsgesetzbuch
JArbSchG	Jugendarbeitsschutzgesetz
KSchG	Kündigungsschutzgesetz
MuSchG	Mutterschutzgesetz
SGB III	3. Sozialgesetzbuch (Arbeitsförderung)
SGB VII	7. Sozialgesetzbuch (Unfallversicherung)
SGB IX	9. Sozialgesetzbuch (Rehabilitation und Teilhabe behinderter Menschen)
TzBfG	Teilzeit- und Befristungsgesetz
TVG	Tarifvertragsgesetz

Sonstiges

a.A.	anderer Ansicht
BAG	Bundesarbeitsgericht
BVerfG	Bundesverfassungsgericht
EuGH	Europäischer Gerichtshof
i.S.d.	im Sinn des / der
i.V.m.	in Verbindung mit
TVöD	Tarifvertrag für den öffentlichen Dienst

Martina Weber: Studium der Rechtswissenschaften in Freiburg und Frankfurt am Main. Erstes und zweites juristisches Staatsexamen in Frankfurt am Main. Wahlstation am Arbeitsgericht Frankfurt am Main. Journalistisches Aufbaustudium in Mainz. Tätigkeit als freie Autorin und Dozentin.

Veröffentlichungen zahlreicher Fachartikel und Rezensionen. Im Herbst 2006 erscheint „Arbeitsrecht für Pflegeberufe. Handbuch für die Praxis" bei Kohlhammer (ca. 440 Seiten mit Mustertexten auf CD ROM). Dozentin für Recht in der Gesundheits- und Krankenpflegeausbildung.

Neben der juristischen Arbeit Autorin von Lyrik und Prosa sowie Leiterin von Literaturwerkstätten. Mehrere Literaturpreise. Gedichte erschienen unter anderem im „Jahrbuch der Lyrik 2005" bei C.H. Beck, im „Jahrbuch der Lyrik 2006" und im „Jahrbuch der Lyrik 2007" bei S. Fischer sowie unter www.poetenladen.de/martina-weber.html. Autorin und Herausgeberin des Buches „Zwischen Handwerk und Inspiration. Lyrik schreiben und veröffentlichen" (Uschtrin Verlag, München 2004).

COPYRIGHT: Richter-Verlag
Hans-Peter Richter
Paul-Schroeder-Straße 18
24229 Dänischenhagen
Tel. 04349-1725
Fax 04349-571
e-mail: RICHTER-VERLAG@t-online.de
Website: www.Richter-Verlag.de

Druck und Verarbeitung: Druckerei Schmidt & Klaunig, Kiel

Alle Rechte vorbehalten. Nachdruck, Verwertung, auch auszugsweise, jegliche photomechanische Wiedergabe etc. nur mit ausdrücklicher Zustimmung des Verlegers.

Weitere Bücher dieser Reihe sind erhältlich über den Buchhandel oder direkt vom Verlag.

4. Auflage 2006

ISBN 3-935150-15-6

Einführung und allgemeine Grundlagen

I. Zum Skriptum

Das vorliegende Skript soll Lernenden den Einstieg ins Arbeitsrecht erleichtern und die Besonderheiten des Arbeitsrechts im Verhältnis zum allgemeinen Zivilrecht aufzeigen.

Das Skript erhebt nicht den Anspruch der Wissenschaftlichkeit, sondern es will als Lernhilfe verstanden sein und ein möglichst unproblematisches Durcharbeiten gewährleisten. Sprachliche und gedankliche Ausgestaltung sind diesem Zweck angepasst. Auf die Einarbeitung von Literatur und Rechtsprechung in Form von Fußnoten wurde verzichtet. Einige grundlegende Entscheidungen werden aber genannt und zur vertiefenden Lektüre empfohlen.

Ebenso war es nicht ratsam, die behandelten Gebiete bis in alle Tiefen darzustellen, da ansonsten für Einsteiger allzu leicht der rote Faden verloren geht.

Dieses Skript ersetzt weder ein Lehrbuch noch eine **gute** Vorlesung! Konzipiert ist es vielmehr als Ergänzung, die es ermöglichen soll, den dort gebotenen Lernstoff besser zu verstehen und einzuordnen.

II. Aufbau

Das Skript enthält drei große Blöcke:

1. Stoffvermittlung
2. Fallbearbeitung
3. Wiederholung / Lernkontrolle

In der **Stoffvermittlung** werden die Grundzüge des Lernstoffes übersichtlich gegliedert dargestellt.

Die **Fallbearbeitung** zeigt, wie der zuvor erarbeitete Lernstoff in der Klausur umgesetzt werden kann. Die ausformulierten Lösungsvorschläge sollen ein Gespür dafür vermitteln, welche Darstellungsweise in Klausuren erwartet wird.

Die **Lernkontrolle / Wiederholung** erfolgt anhand von Fragen, die den vorhergehenden Stoff betreffen. Für eine ernsthafte Selbstkontrolle ist es unerlässlich, die Antworten zunächst abzudecken.

III. Effektives Lernen

Die Effektivität des Lernens hängt nicht von der Dauer der Lernzeit ab. Es kommt vielmehr auf die Organisation und Qualität des Lernens an.

1. Schritt: Erarbeitung

Nehmen Sie sich ein bestimmtes Kapitel oder einen Teil eines Kapitels vor. **Lesen Sie jede angegebene Vorschrift nach!** Lösen Sie die Beispielsfälle zunächst selbstständig und vergleichen Sie erst dann Ihre Überlegungen mit der Musterlösung. **Beantworten Sie unbedingt die Wiederholungsfragen!** Markieren Sie die Fragen, die Sie nicht beantworten konnten und arbeiten Sie den entsprechenden Stoff im „Stoffteil" nach.

2. Schritt: Wiederholung

Nach 24 Stunden sind bereits weit über 50 Prozent des Gelernten wieder vergessen! Sehr empfehlenswert ist eine Wiederholung besonders der nicht gewussten Fragen gleich am nächsten Tag. Wiederholen Sie den Lernstoff, der Ihnen am schwersten fällt, in Abständen, die immer größer werden. Arbeiten Sie auf diese Weise Kapitel für Kapitel durch!

3. Schritt: Festigung und Vertiefung

Arbeiten Sie dann die Literaturangaben durch, um den Lernstoff zu vertiefen.

Soweit Sie Wiederholungsfragen nicht beantworten konnten, sollten Sie diese auch nochmals durcharbeiten. Auf diese Weise wird ein optimaler Lerneffekt gewährleistet.

1. Kapitel
Grundlagen und Grundbegriffe

Gegenstand des Arbeitsrechts sind die rechtlichen Beziehungen zwischen Arbeitgeber und Arbeitnehmer. Das Arbeitsrecht ist aus dem sozialen und wirtschaftlichen Schutzbedürfnis der Industriearbeitnehmer, später der gesamten Arbeitnehmerschaft entstanden.

Das Arbeitsrecht wird unterteilt in Individual- und Kollektivarbeitsrecht.

Arbeitsrecht

Individualarbeitsrecht	Kollektivarbeitsrecht
• Arbeitsvertragsrecht • Arbeitnehmerschutzrecht z.B. Arbeitszeitschutz, Urlaubsrecht, Kündigungsschutz, Mutterschutz, Jugendarbeitsschutz	• Koalitionsrecht • Arbeitskampfrecht • Tarifvertragsrecht • Betriebsverfassungs- bzw. Personalvertretungsrecht • Mitbestimmungsrecht

Die Regelungen, die das einzelne Arbeitsverhältnis betreffen (v.a. Begründung, Inhalt und Beendigung des Arbeitsverhältnisses sowie die Schutzgesetze für Arbeitnehmer) werden unter dem Begriff **Individualarbeitsrecht** zusammengefasst.

Das **Kollektivarbeitsrecht** erfasst mehrere Bereiche: die Rechtsbeziehungen zwischen den Gewerkschaften als überbetrieblichen Zusammenschlüssen und dem Arbeitgeber (= **Koalitionsrecht, Arbeitskampfrecht, Tarifrecht),** die Rechtsbeziehungen zwischen der Vertretung der Arbeitnehmer im Betrieb (vor allem dem Betriebsrat) und dem Arbeitgeber (= **Betriebsverfassungsrecht** bzw. - im öffentlichen Dienst - **Personalvertretungsrecht).** Schließlich zählt noch die **Mitbestimmung** der Arbeitnehmer in Organen (Vorstand, Aufsichtsrat) von Kapitalgesellschaften zum kollektiven Arbeitsrecht.

Eine strikte Trennung von Individual- und Kollektivarbeitsrecht ist in der Fallbearbeitung oft nicht möglich. Zur Klärung von Rechtsfragen müssen nämlich meist Aspekte aus beiden Bereichen herangezogen werden.

1. **Bsp.**: *Die individualrechtliche Frage nach dem Fortbestand eines einzelnen Arbeitsverhältnisses wirft u.a. die kollektivrechtliche Frage nach der Anhörung des Betriebsrates nach § 102 Abs. 1 BetrVG auf.*
2. **Bsp.**: *Die Zahl der Urlaubstage eines Arbeitnehmers (individualrechtliche Frage) kann oft nur durch einen Blick in den für das Arbeitsverhältnis geltenden Tarifvertrag geklärt werden.*
3. **Bsp.**: *Die (kollektivrechtliche) Teilnahme eines Arbeitnehmers an einem Streik kann sich auf seinen Arbeitsvertrag auswirken.*

Arbeitnehmerbegriff

Der Begriff des Arbeitnehmers ist gesetzlich nicht festgelegt. Falls in der **Fallbearbeitung** nicht vom Arbeitnehmer, Arbeiter oder Angestellten X oder von einer konkreten Berufsbezeichnung die Rede ist, muss anhand der Angaben im Sachverhalt geprüft werden, ob die betreffende Person unter den Begriff des Arbeitnehmers fällt.

Ausgangspunkt dieser Prüfung ist folgende Definition:

> **Arbeitnehmer ist, wer aufgrund eines privatrechtlichen Vertrages für einen anderen unselbstständige Dienste leistet.**

Problematisch kann vor allem die Frage sein, ob die Dienstleistung unselbstständig ist.

Mit dem Merkmal der Unselbstständigkeit wird der Arbeitnehmer gegenüber dem Selbstständigen, der aufgrund eines freien Dienstvertrages tätig wird, abgegrenzt. Der rechtliche Ausgangspunkt beider Tätigkeiten sind die Vorschriften im BGB über den Dienstvertrag: §§ 611 ff. BGB.

Der Arbeitsvertrag ist also eine Sonderform des Dienstvertrages, vgl. auch die Formulierung in §§ 621, 627 BGB „...Dienstverhältnis, das kein Arbeitsverhältnis ist."

Keine Abgrenzungsschwierigkeiten von der Tätigkeit des Arbeitnehmers bieten die klassischen selbstständigen Berufe wie einer Rechtsanwältin oder einer Ärztin in eigener Praxis.

Problematisch ist die **Abgrenzung zur Tätigkeit eines freien Mitarbeiters**.

> Entscheidendes Kriterium für die Abgrenzung eines Arbeitnehmers von einem Selbstständigen ist die **persönliche Abhängigkeit** (NICHT: die wirtschaftliche Abhängigkeit).

Für die Frage, ob persönliche Abhängigkeit vorliegt, sind die **Umstände des Einzelfalls in Ihrer Gesamtheit** zu würdigen. Dabei wird auf verschiedene **Indizien** zurückgegriffen.

> **Selbstständig ist, wer im Wesentlichen frei seine Tätigkeit gestalten und seine Arbeitszeit bestimmen kann.**

Rechtlicher Anknüpfungspunkt ist die Wertung in **§ 84 Abs. 1 S. 2 HGB** (eine Definition, die aber als gesetzgeberische Wertung verallgemeinert wird):

Danach ist ein **Kriterium für persönliche Abhängigkeit**

- ❶ die **Weisungsgebundenheit** bezüglich
  - der Art und Weise,
  - des Ortes
  - sowie Zeit und Dauer der Dienstleistung.

Das Bundesarbeitsgericht hat noch zwei **weitere Kriterien** entwickelt:

- ❷ Die Eingliederung in den Betrieb oder in die Arbeitsorganisation
- ❸ Das Schulden der ganzen Arbeitskraft

> Beurteilen Sie die Abgrenzung zwischen freiem Mitarbeiter und Arbeitnehmer anhand der Kriterien. Betrachten Sie aber die **tatsächliche Durchführung des Vertrages**, nicht etwa die Vereinbarung zwischen den Parteien. (Andernfalls könnten Arbeitnehmer-Schutzvorschriften umgangen werden.)

NICHT entscheidend für die Frage, ob jemand als Arbeitnehmer tätig wird, ist etwa die Bezeichnung durch die Parteien z.B. als „freier Mitarbeiter", denn die Schutznormen des Arbeitsrechts gelten zwingend und sind nicht dispositiv.

Indizien für eine selbstständige Tätigkeit sind dagegen eigenes unternehmerisches Risiko, freie Gestaltung des Arbeitsablaufs und des Umfangs der Arbeit und damit der eigene Einfluss auf einen höheren oder geringeren Verdienst.

Arbeiter und Angestellte

Jeder Arbeitnehmer ist entweder Arbeiter oder Angestellter (s. auch § 622 BGB).

1990 hat das BVerfG die unterschiedlichen gesetzlichen Kündigungsfristen für Arbeiter und Angestellte wegen Verstoßes gegen den Gleichheitsgrundsatz für verfassungswidrig erklärt. Seither hat die Unterscheidung an Bedeutung verloren.

Falls es einmal auf die Differenzierung ankommt, wird nach folgender **Faustformel** entschieden:

> Ist die Beschäftigung vorwiegend geistig (dann Angestellter) oder vorwiegend körperlich (dann Arbeiter) geprägt?

Gewährt der Arbeitgeber eine **freiwillige Sondervergütung**, zum Beispiel eine Weihnachtsgratifikation, muss er den Gleichbehandlungsgrundsatz beachten. Eine Unterscheidung zwischen Angestellten und Arbeitern nach ihrem Status ist sachlich nicht gerechtfertigt.

Arbeitnehmerähnliche Personen

Arbeitnehmerähnliche Personen sind persönlich selbstständig (andernfalls wären sie Arbeitnehmer).

§ 12 a TVG definiert den Begriff so:

> „Personen, die wirtschaftlich abhängig und vergleichbar einem Arbeitnehmer sozial schutzbedürftig sind"

und erläutert den Ausdruck dann genauer.

Arbeitnehmerähnliche Personen sind zum Beispiel in Heimarbeit Beschäftige (s. § 2 Abs. 1 HAG) sowie Personen, die ihre Leistungen nicht auf dem freien Markt, sondern nur gegenüber bestimmten Unternehmen anbieten können, wie Mitarbeiter bei Presse, Rundfunk und Fernsehen.

> Die **Schutznormen** für Arbeitnehmer gelten nicht allgemein auch für arbeitnehmerähnliche Personen. Sie gelten nur dann, wenn dies jeweils gesetzlich angeordnet ist.

Folgende Schutzvorschriften gelten für arbeitnehmerähnliche Personen:

- Rechtsverhältnisse können tarifvertraglich gestaltet werden, § 12 a TVG.
- Es besteht ein Anspruch auf bezahlten Erholungsurlaub, s. § 2 BUrlG.
- In Heimarbeit Beschäftigte haben nach § 11 EFZG einen Anspruch auf Feiertagsbezahlung.
- Rechtsweg zu den Arbeitsgerichten ist gegeben (§ 5 Abs. 1 S. 2 ArbGG).

 Empfohlene Lektüre zur Arbeitnehmer-Eigenschaft
BAG NZA 1991, S. 933 - 935 (Arbeitsrechtlicher Status eines Lektors)
BAG NZA 1996, S. 477 - 479 (Volkshochschuldozenten)

Wiederholungsfragen zum 1. Kapitel

1. Definieren Sie den Begriff Arbeitnehmer.

   Arbeitnehmer ist, wer aufgrund eines privatrechtlichen Vertrages für einen anderen unselbstständige Dienste leistet.

2. Welche Kriterien gelten für die Abgrenzung des Arbeitnehmers vom Selbstständigen?

   Persönliche Abhängigkeit. Die wichtigsten Indizien dafür sind nach BAG: Weisungsgebundenheit, Eingliederung in die Arbeitsorganisation und Schulden der ganzen Arbeitskraft.

3. Warum kommt es bei der Abgrenzung von Arbeitnehmern und Selbstständigen nicht auf die Bezeichnung der Beteiligten an?

   Weil die Schutznormen des Arbeitsrechts sonst durch Vereinbarung ausgeschlossen werden könnten; sie gelten aber grundsätzlich zwingend.

4. Welche Faustformel gibt es zur Abgrenzung von Arbeitern und Angestellten?

   Arbeiter ist, wer vorwiegend körperlich, Angestellter ist, wer vorwiegend geistig arbeitet.

5. Wo ist der Begriff der arbeitnehmerähnlichen Person gesetzlich definiert?

   § 12 a TVG

6. Welche arbeitsrechtlichen Vorschriften gelten für arbeitnehmerähnliche Personen?

   TVG, BUrlG, EFZG (Anspruch auf Feiertagsbezahlung für Heimarbeitnehmer), Rechtsweg zu den Arbeitsgerichten

Fall 1: Die kranke Französischlehrerin

Seit 1.2. unterrichtet R., die an zwei Tagen in der Woche als Radiomoderatorin arbeitet, zusätzlich als Französischlehrerin in einem französischen Sprachzentrum. Nach ihrem „freien Mitarbeitervertrag" berechnet sich ihr Honorar nach den geleisteten Unterrichtsstunden und beträgt 20 Euro pro Unterrichtsstunde. Nach dem Vertrag ist Frau R. verpflichtet, die festgesetzten Unterrichtseinheiten einzuhalten, den Inhalt des Unterrichts in der vereinbarten Weise zu behandeln, ausgefallene Unterrichtsstunden nachzuholen und die aus dem Honorar fällig werdenden Steuern selbst abzuführen. Das Sprachzentrum ist berechtigt, einen Kurs wegen nicht ausreichender Teilnehmerzahl zu streichen. In diesem Fall kann R keine Vergütung verlangen. Im Sprachzentrum arbeitet R durchschnittlich 20 Stunden pro Woche. Die Unterrichtstermine werden jeweils einen Monat im Voraus vereinbart. Von Montag, 3.11., bis Freitag, 7.11., ist R wegen eines grippalen Infektes arbeitsunfähig krank. Kann sie für diese Zeit eine Fortzahlung ihrer Vergütung verlangen?

Lösungsvorschlag

Der Anspruch der R auf Fortzahlung ihrer Vergütung könnte sich aus § 3 EFZG ergeben. Nach dieser Vorschrift hat ein Arbeitnehmer, der infolge einer Krankheit arbeitsunfähig krank ist, Anspruch auf Entgeltfortzahlung durch den Arbeitgeber. Fraglich ist, ob R im Verhältnis zum Sprachzentrum den Status einer Arbeitnehmerin hat.

Der Begriff des Arbeitnehmers ist gesetzlich nicht definiert. Ein Arbeitnehmer ist ein Sonderfall des Dienstverpflichteten im Sinn des § 611 BGB. Da R als Lehrerin eine entgeltliche Leistung für einen anderen, nämlich das Sprachzentrum, auf der Grundlage eines privatrechtlichen Vertrages leistet, liegt ein Dienstvertrag vor. Zu untersuchen ist, ob R aufgrund eines freien Dienstvertrages oder aufgrund eines Arbeitsvertrages tätig wird. Entscheidendes Kriterium für die Eigenschaft als Arbeitnehmer ist die persönliche Abhängigkeit.

Rechtlicher Anknüpfungspunkt ist dabei die Wertung des § 84 Abs. 1 S. 2 HGB. Danach ist selbstständig, wer im Wesentlichen frei seine Tätigkeit gestalten und seine Arbeitszeit bestimmen kann. R muss sich bei ihrer Arbeit zwar an bestimmte Vorgaben halten (Dauer von Unterrichtseinheiten, Unterrichtsstoff und Arbeitsort im Sprachzentrum), in der Gestaltung ihres Unterrichtes ist sie aber frei. Zudem werden die Unterrichtszeiten nicht einseitig durch das Sprachzentrum, sondern durch Vereinbarung festgesetzt. Danach liegt eine Weisungsgebundenheit bezüglich Art, Ort und Dauer der Arbeit nicht vor.

Das Bundesarbeitsgericht hat zur Abgrenzung des Arbeitnehmers vom freien Mitarbeiter noch zwei andere Kriterien entwickelt: Die Eingliederung in den Betrieb und das Schulden der ganzen Arbeitskraft. Die Notwendigkeit, als Lehrerin in den Räumen des Sprachzentrums zu unterrichten, begründet noch keine Eingliederung in den Betrieb. Wenn R ihren Unterricht auch vorbereiten muss, so kann sie neben ihrer Arbeit im Sprachzentrum noch eine andere berufliche Tätigkeit ausüben, was sie auch tut. Danach ist R weder in den Betrieb des Sprachzentrums eingegliedert noch schuldet sie dem Sprachzentrum ihre ganze Arbeitskraft.

Die Bezeichnung des Vertrages als „freier Mitarbeitervertrag" spielt zwar für die rechtliche Bewertung keine Rolle, aber die Art der Entlohnung (Stundenlohn und kein festes Gehalt) spricht ebenfalls für eine Tätigkeit als freie Mitarbeiterin. Dafür spricht auch die Tatsache, dass R das unternehmerische Risiko, ob ihr Kurs wegen einer genügenden Anzahl an Interessierten überhaupt stattfindet, trägt.

R ist damit keine Arbeitnehmerin.

Möglicherweise ist R aber als arbeitnehmerähnliche Person vergleichbar einem Arbeitnehmer schutzbedürftig. Die Schutzgesetze für Arbeitnehmer sind auf arbeitnehmerähnliche Personen nur dann anzuwenden, wenn dies jeweils gesetzlich angeordnet ist. Nach § 1 EFZG fallen arbeitnehmerähnliche Personen nicht unter den Schutzbereich des Gesetzes.

Ergebnis: R kann für die Zeit ihrer Erkrankung keine Fortzahlung ihrer Vergütung verlangen.

§§§§§§§§§§§

2. Kapitel
Begründung des Arbeitsverhältnisses

Zustandekommen des Arbeitsvertrages

Einigung

Ein Arbeitsvertrag kommt wie jeder andere Vertrag zustande: durch inhaltlich übereinstimmende Willenserklärungen: Angebot und Annahme nach §§ 145 ff. BGB (=**Vertragstheorie**).

Nach § 611 BGB ist zwar eine Einigung sowohl über die vom Arbeitnehmer zu leistende Tätigkeit als auch über die vom Arbeitgeber zu zahlende Vergütung erforderlich; **§ 612 Abs. 2 BGB** bestimmt aber, dass die taxmäßige bzw. übliche Vergütung (in der Regel der Tariflohn) als vereinbart anzusehen ist, wenn die Höhe der Vergütung nicht vereinbart wurde. In den meisten Fällen lässt sich der Inhalt des Arbeitsvertrages durch Gesetz, Tarifvertrag, betriebliche Übung und Direktionsrecht konkretisieren. Dann reicht für den Vertragsschluss die Übereinkunft, dass der Arbeitnehmer in einem nur ungefähr beschriebenen Aufgabengebiet für den Arbeitgeber tätig wird.

Form

Grundsätzlich besteht für den Abschluss eines Arbeitsvertrages Formfreiheit

Ein Arbeitsvertrag kann demnach abgeschlossen werden:
1. **ausdrücklich**
   a) **mündlich**
   b) **schriftlich**
2. **stillschweigend durch schlüssiges Handeln**
   Bsp.: durch tatsächliche Aufnahme der Arbeit

Auf dem gleichen Weg kann die Änderung von Arbeitsverträgen vereinbart werden.
Bsp. für die schlüssige Änderung eines Arbeitsvertrages: Die Arbeit wird tatsächlich zu anderen Bedingungen fortgesetzt.

Geschäftsfähigkeit

Das Zustandekommen eines Arbeitsvertrages setzt wie jeder andere Vertrag auch zwei wirksame Willenserklärungen voraus. Grundsätzlich setzt die Wirksamkeit einer Willenserklärung nach den §§ 104 ff. BGB die volle Geschäftsfähigkeit voraus.

Ist einer der Vertragspartner nach § 104 BGB **geschäftsunfähig**, ist seine Willenserklärung nach § 105 Abs. 1 BGB nichtig.

Für den Fall der **beschränkten Geschäftsfähigkeit** (§§ 106 ff. BGB) gilt:

Durch eine Willenserklärung zum Abschluss eines Arbeitsvertrages erlangt ein Minderjähriger nie lediglich einen rechtlichen Vorteil. Ein Vertrag ist nur dann rechtlich vorteilhaft, wenn den beschränkt Geschäftsfähigen keinerlei Verpflichtungen treffen. Dies ist aber bei einem gegenseitigen Vertrag wie dem Arbeitsvertrag nicht der Fall.

Der beschränkt Geschäftsfähige bedarf zum Abschluss eines Arbeitsvertrages regelmäßig der Zustimmung seines gesetzlichen Vertreters (§§ 107, 108, 182 ff. BGB).

Für den beschränkt geschäftsfähigen Arbeitnehmer kommt eine **Erweiterung der Geschäftsfähigkeit durch § 113 BGB ("Arbeitsmündigkeit")** in Betracht. Diese sogenannte partielle Geschäftsfähigkeit setzt allerdings den wirksamen Abschluss eines Arbeitsvertrages voraus.

*Bsp.: Die Eltern erlauben ihrer 17-jährigen Tochter, an einem Tag der Woche in einem second-hand-Laden zu arbeiten. Für den Abschluss von eigenen Rechtsgeschäften im **Rahmen dieser Arbeit** ist die Tochter nach § 113 Abs. 1 S. 1 BGB geschäftsfähig.*

§ 113 BGB berechtigt einen Minderjährigen nach der Rechtsprechung auch zum **Beitritt zu einer Gewerkschaft**.

Das anfechtbare Arbeitsverhältnis

Voraussetzungen der Anfechtung eines Arbeitsvertrages durch den Arbeitgeber

1. Anfechtung im Arbeitsrecht zulässig?
2. Anfechtungserklärung (evtl. auslegen)
3. Anfechtungsgrund
   a) § 119 Abs. 2 BGB:
      Irrtum über verkehrswesentliche Eigenschaft
   b) § 123 BGB: arglistige Täuschung des Arbeitnehmers
      dabei unterscheiden: Täuschung durch Handeln oder Unterlassen
4. Anfechtungsfrist
   a) §§ 123, 124 BGB
   b) §§ 119, 121 BGB

Rechtsfolge

1. Grundsatz: § 142 Abs.1 BGB: Nichtigkeit ex tunc (von Anfang an)
   Ausnahme: Keine Rückwirkung, faktisches Arbeitsverhältnis
2. Der Anfechtende hat nach § 122 BGB den Vertrauensschaden zu ersetzen.

Zu den Voraussetzungen im Einzelnen:

Zu 1. Zulässigkeit der Anfechtung im Arbeitsrecht

Die herrschende Meinung und auch das BAG gehen davon aus, dass die Anfechtung im Arbeitsrecht zulässig ist. Würde man die Anfechtung eines Arbeitsvertrages nicht zulassen, bliebe ein Willensmangel beim Abschluss eines Arbeitsvertrages unberücksichtigt. Das wäre eine starke Einschränkung der Privatautonomie.

Zu 2. Anfechtungserklärung

Manchmal ist vom Wortlaut der Erklärung unklar, ob der Arbeitgeber (oder - selten - auch der Arbeitnehmer) das Arbeitsverhältnis kündigen oder anfechten möchte. Dann ist die Erklärung nach § 133 BGB aus der Sicht eines objektiven Dritten in der Situation des Erklärungsempfängers auszulegen.

Bsp.: Die Formulierung des Arbeitgebers, er wolle „die Einstellung rückgängig machen" spricht für eine Anfechtung.

Zu 3. Anfechtungsgrund

Im Arbeitsrecht sind zwei Anfechtungsgründe klausurwichtig: Irrtum über verkehrswesentliche Eigenschaften nach § 119 Abs. 2 BGB und arglistige Täuschung nach § 123 BGB.

■ Irrtum über verkehrswesentliche Eigenschaft nach § 119 Abs. 2 BGB

Nach § 119 Abs. 2 BGB ist ein Irrtum über eine verkehrswesentliche Eigenschaft einer Person ein Anfechtungsgrund.

Eine **Eigenschaft** einer Person ist ein Kennzeichen, das einer Person anhaftet wie das Lebensalter, der Gesundheitszustand, die Leistungsfähigkeit und Vertrauenswürdigkeit. Nicht nur **persönliche Kennzeichen** sind Eigenschaften, auch **tatsächliche und rechtliche Verhältnisse** können einen Einfluss auf die Wertschätzung einer Person haben, z.B. Vorstrafen oder die Konfession.

> **Eine Eigenschaft ist dann verkehrswesentlich, wenn sie für die Abwicklung des konkreten Rechtsgeschäftes bedeutsam ist.**
> Dies ist keine tatsächliche, sondern eine Wertungsfrage. Die Verkehrswesentlichkeit der Eigenschaft eines Arbeitnehmers kann sich aus der Vereinbarung zwischen Arbeitgeber und Arbeitnehmer oder daraus, dass diese Eigenschaft für das Arbeitsverhältnis bedeutsam ist, ergeben. Die Verkehrswesentlichkeit einer Eigenschaft setzt eine gewisse Dauer der Eigenschaft voraus.

Klausurrelevante verkehrswesentliche Eigenschaften des Arbeitnehmers:

Die **Geschlechtszugehörigkeit** ist in Fällen bedeutsam, in denen Arbeitnehmer Transsexuelle sind. Argumentationshilfen bietet hierzu auch das Transsexuellengesetz. Die Geschlechtszugehörigkeit ist eine Eigenschaft i.S.d. § 119 Abs. 2 BGB. Ob sie verkehrswesentlich ist, hängt vom Einzelfall ab.

> *Bsp: Eine Ärztin mit überwiegend muslimischen Patientinnen sucht eine Arzthelferin. Die Geschlechtszugehörigkeit ist in diesem Fall verkehrswesentlich, weil gläubige Musliminnen eine ärztliche Behandlung und Assistenz durch Männer ablehnen.*

Krankheit ist nur dann eine verkehrswesentliche Eigenschaft, wenn sie die Arbeitsfähigkeit dauernd und erheblich mindert.

Die **Eigenschaft als schwerbehinderter Mensch** ist nur dann eine verkehrswesentliche Eigenschaft, wenn der Bewerber für die angestrebte Tätigkeit ungeeignet ist.

Schwangerschaft ist keine Eigenschaft, weil es sich dabei nur um einen vorübergehenden Zustand handelt.

Das BAG hatte in seiner früheren Rechtsprechung Ausnahmen zugelassen, nach denen die Frage nach der Schwangerschaft zulässig sein sollte, und zwar in Fällen, in denen die schwangere Bewerberin die geschuldete Arbeitsleistung wegen eines Beschäftigungsverbotes nach §§ 3, 4, 6 und 8 MuSchG nicht erbringen konnte. Hier diene, so das BAG, das Beschäftigungsverbot „objektiv" dem Schutz der Bewerberin und ihres werdenden Kindes. Diese Rechtsprechung entsprach jedoch nicht europarechtlichen Vorgaben. Nach einem Urteil des EuGH vom 4.10.2001 ist die Frage nach der Schwangerschaft unzulässig, unabhängig davon, ob die Schwangere befristet oder unbefristet eingestellt worden ist und ob sie die geschuldete Tätigkeit verrichten kann. Die Anwendung von Vorschriften zum Schutz der werdenden Mutter dürfe für diese nicht zu Nachteilen beim Zugang zur Beschäftigung führen.

Nach einer Entscheidung des BAG vom 6.2.2003 ist die Frage nach der Schwangerschaft unzulässig, wenn es um die Besetzung einer unbefristeten Stelle geht und die Bewerberin die Stelle wegen eines mutterschutzrechtlichen Beschäftigungsverbotes zunächst nicht ausüben kann. Es ist anzunehmen, dass das BAG die Frage nach der Schwangerschaft im Einklang mit den Vorgaben des EuGH auch dann für unzulässig halten wird, wenn es um die Besetzung einer befristeten Stelle geht und die Bewerberin die Tätigkeit wegen eines Beschäftigungsverbotes für die gesamte Vertragsdauer nicht ausüben kann.

Bsp.: Schwangere Schwangerschaftsvertretung

Zu berücksichtigen ist hier auch das Diskriminierungsverbot des **§ 611 a Abs. 1 BGB**.

Vorstrafen sind keine Eigenschaften. Nach h.M. kann man aber von einer Vorstrafe auf eine bestimmte Eigenschaft des Bewerbers schließen.

Bsp.: Eine Verurteilung wegen Betrugs lässt den Schluss auf Unehrlichkeit zu.

Der Schluss von einer Vorstrafe auf eine bestimmte Eigenschaft des Bewerbers ist nur dann verkehrswesentlich, wenn es sich um eine einschlägige Vorstrafe handelt (zum Beispiel Körperverletzung oder Freiheitsberaubung bei einer Gesundheits- und Krankenpflegerin) und solange die Vorstrafe nach den §§ 32 ff. BZRG in ein polizeiliches Führungszeugnis aufzunehmen ist.

   Empfohlene Lektüre zur Frage nach der Schwangerschaft:
EuGH 4.10.2002 NZA 2001, S. 1241
BAG 6.2.2003 Az.: 2 AZR 621/01 NZA 2003, S. 848

■ **Arglistige Täuschung nach § 123 BGB**
Nach § 123 Abs. 1 BGB ist zur Anfechtung berechtigt, wer durch arglistige Täuschung zur Abgabe einer Willenserklärung bestimmt worden ist.

> Eine arglistige Täuschung kann durch Handeln oder durch Unterlassen begangen werden.

❶ Täuschung durch Handeln (ausdrückliche Lüge auf Frage des Arbeitgebers)

Der typische Fall einer arglistigen Täuschung durch Handeln liegt darin, dass der Arbeitnehmer im Vorstellungsgespräch eine vom Arbeitgeber gestellte Frage unrichtig beantwortet. Das berechtigte Interesse des Arbeitgebers an dem Bewerber ist durch das allgemeine Persönlichkeitsrecht des Arbeitnehmers eingeschränkt. **Zulässig sind nur Fragen, die für den Arbeitgeber von schutzwürdigem Interesse sind**, also Fragen nach dem beruflichen Werdegang, nach arbeitsplatzbezogenen Kenntnissen und Fähigkeiten. Unzulässig sind Fragen, die die Privatsphäre betreffen.

Bsp.: „Welches ist Ihr Lieblingsbuch und was spricht Sie darin besonders an?"

Ein Arbeitnehmer, der die Antwort auf eine unzulässige Frage verweigert, womöglich noch mit dem Hinweis, die Frage sei unzulässig, wird in den seltensten Fällen eingestellt. Zum Schutz der Arbeitnehmer gilt deshalb:

> Eine falsche Antwort auf eine unzulässige Frage
> ist keine rechtswidrige arglistige Täuschung

Dem Arbeitnehmer steht in diesen Fällen ein **„Recht zur Lüge"** zu.

Klausurrelevante Fragen des Arbeitgebers:

Schwangerschaft: Hier gelten die gleichen Grundsätze wie bei den verkehrswesentlichen Eigenschaften im Rahmen des § 119 Abs. 2 BGB.

Eigenschaft als schwerbehinderter Mensch: Das BAG hat seine Rechtsprechung zu dieser Frage immer wieder geändert. Nach zwei Entscheidung aus den Jahren 1995 und 1998[1] hielt das BAG die Frage für zulässig, weil sich für den Arbeitgeber aus dem SGB IX zahlreiche Pflichten ergeben (Beschäftigungspflicht nach §§ 71 ff. SGB IX, Kündigungsschutz nach §§ 85 ff. SGB IX, Zusatzurlaub nach § 125 SGB IX). Zwar wurde 1994 in Art. 3 Abs. 3 S.2 GG ein Verbot der Benachteiligung behinderter Menschen aufgenommen, dies ändere, so das BAG, an dem Fragerechts jedoch nichts. Ein Diskriminierungsverbot speziell bei Begründung eines Arbeitsverhältnisses wie in § 611a BGB für schwangere Frauen fehle nämlich für schwerbehinderte Menschen. Mit der Einführung des Diskriminierungsverbotes schwerbehinderter Menschen bei der Begründung eines Arbeitsverhältnisses in § 81 Abs. 2 Nr. 1 SGB IX dürfte der Rechtsprechung aus den Jahren 1995 und 1998 die Grundlage entzogen sein. Es ist deshalb anzunehmen, dass das BAG in einer künftigen Entscheidung die Frage nach der Schwerbehinderteneigenschaft (als eine Frage nach dem rechtlichen Status) für unzulässig erachtet.

---

[1] BAG 5.10.1995 AP BGB § 123 Nr. 40, BAG 3.12.1998 AP BGB § 123 Nr. 49

Vorstrafen: Bedenken gegen die Zulässigkeit der Frage ergeben sich aus dem Gedanken der Resozialisierung.

Zulässig ist:

- Die Frage nach sogenannten einschlägigen Vorstrafen
  Bsp.: bei einer Kassiererin nach Diebstahl, Unterschlagung und Untreue
- Die Frage nach Vorstrafen, solange sie nach den §§ 32 ff. BZRG in ein polizeiliches Führungszeugnis aufzunehmen sind

Gewerkschaftszugehörigkeit: Die Frage ist unzulässig. Sie könnte nämlich dazu führen, dass ein Arbeitgeber Gewerkschaftsmitglieder nicht einstellt. Ob wegen beiderseitiger Tarifbindung ein Tarifvertrag auf das Arbeitsverhältnis anwendbar ist, kann auch nach Abschluss des Arbeitsvertrages geprüft werden. Der Arbeitgeber darf die Frage deshalb erst nach Abschluss des Arbeitsvertrages stellen.

HIV / Aids: Die Frage nach einer Aids-Erkrankung ist zulässig, weil die Krankheit nicht heilbar ist und weil sie die Leistungsfähigkeit des Arbeitnehmers erheblich beeinträchtigt. Bei der Frage nach einer Infektion mit dem HI-Virus ist zu beachten: Eine HIV-Infektion muss nicht zwangsläufig zu einer Aids-Erkrankung führen. Von der Infizierung mit dem HI-Virus zum Ausbruch der Krankheit Aids können mehrere Jahre vergehen, in denen der Infizierte symptomfrei und in seiner Leistungsfähigkeit nicht eingeschränkt ist. Deshalb wird die Frage nach einer HIV-Infektion überwiegend als unzulässig angesehen. Die Erkrankung verläuft von einer Latenzzeit über zwei Vorstadien bis zum Endstadium Aids. Die Zulässigkeit der Frage nach einer HIV-Infektion kann sich vor allem aus einer möglichen Ansteckungsgefahr für Kollegen oder Kunden ergeben. Bei normaler beruflicher Tätigkeit besteht keine Ansteckungsgefahr. Einigkeit besteht darin, dass bei HIV-infiziertem Operationspersonal für Patienten Ansteckungsgefahr besteht.

Konfessionszugehörigkeit: Die Frage ist grundsätzlich unzulässig. Nur Betriebe, die konfessionell gebunden sind, sind berechtigt, Arbeitnehmer ihrer Konfession einzustellen.

Bsp.: evangelisches Krankenhaus

❷ **Täuschung durch Unterlassen** (bei Offenbarungspflicht)

Ein Arbeitgeber kann im Vorstellungsgespräch auch dadurch getäuscht werden, dass ihm der Bewerber bestimmte Umstände verschweigt. Dieses Verschweigen ist nach Ansicht des BAG jedoch nur dann rechtswidrig, wenn den Bewerber eine **Offenbarungspflicht** trifft. Die Offenbarungspflicht ergibt sich aus dem vorvertraglichen Vertrauensverhältnis, das durch die Kontaktaufnahme zwischen Arbeitnehmer und Arbeitgeber entsteht.

Die Anforderungen an eine rechtswidrige Täuschung durch Unterlassen sind erheblich strenger als die Anforderungen an eine rechtswidrige Täuschung durch Tun.

> Der Arbeitnehmer muss nur solche Tatsachen (ungefragt) offenbaren, deren Kenntnis im Hinblick auf die Erfüllbarkeit der arbeitsvertraglichen Leistungspflicht wesentlich sind.

Dies ist etwa dann der Fall, wenn ein Arbeitnehmer gar nicht dazu in der Lage ist, die Arbeitsleistung zu erbringen, z.B. aus gesundheitlichen Gründen (der Arbeitnehmer ist schwerbehindert oder leidet an einer Suchterkrankung) oder wegen eines Berufs- oder Beschäftigungsverbotes.

Zu 4. Anfechtungsfrist

a) Bei der Anfechtung nach § 119 Abs. 2 BGB:

Nach § 121 Abs. 1 BGB muss die Anfechtung ohne schuldhaftes Zögern (unverzüglich) erfolgen, nachdem der Anfechtungsberechtigte von dem Anfechtungsgrund Kenntnis erlangt hat.

Nach Ansicht des BAG wird der unbestimmte Rechtsbegriff „unverzüglich" durch die in § 626 Abs. 2 BGB genannte zweiwöchige Ausschlussfrist bei der außerordentlichen Kündigung konkretisiert.

b) Bei der Anfechtung nach § 123 BGB:

Hier richtet sich die Frist nach § 124 BGB (ein Jahr, nachdem der Anfechtungsberechtigt die Täuschung entdeckt).

Rechtsfolgen der Anfechtung

Nach § 142 Abs. 1 BGB ist die Rechtsfolge einer wirksamen Anfechtung eines Rechtsgeschäftes, dass das angefochtene Rechtsgeschäft von Anfang an (**ex tunc**) als nichtig anzusehen ist.

Wenn der Arbeitnehmer schon Arbeitsleistungen erbracht hat, hätte dies zur Folge, dass der Arbeitnehmer gegen den Arbeitgeber keinen Anspruch auf Vergütung aus dem Arbeitsvertrag hätte. Denn das Zustandekommen eines Arbeitsvertrages setzt eine Einigung voraus, die Willenserklärung des Arbeitgebers wäre aber wegen der wirksamen Anfechtung nichtig.

Da dieses Ergebnis nicht tragbar ist, gilt:

> **Im Arbeitsrecht hat die Anfechtung nur Wirkung für die Zukunft (ex nunc).**

Das angefochtene Arbeitsverhältnis wird für die Zeit ab dem Abschluss des Arbeitsvertrages als wirksames Arbeitsverhältnis behandelt, es wird **fehlerhaftes oder faktisches Arbeitsverhältnis** genannt. Ein faktisches Arbeitsverhältnis hat die Rechtsfolgen eines wirksam begründeten Arbeitsverhältnisses. Allerdings kann jeder Vertragspartner das Arbeitsverhältnis für die Zukunft durch einseitige Erklärung beenden.

Fall 2: Faktisch arbeitslos

Auf die Stellenanzeige, mit der die Einzelhandelskauffrau E eine Kassiererin oder einen Kassierer sucht, bewerben sich zwei Frauen, die K1 und die K 2. K 1 beantwortet im Vorstellungsgespräch die Frage der E, ob sie schwanger sei, wahrheitsgemäß mit: „ Ja, in der neunten Woche." Damit hat die E schon kein Interesse mehr an einer Einstellung der K 1. E fragt die 55-jährige K 2 im Vorstellungsgespräch, ob sie vorbestraft sei. Die K 2 verneint, obwohl sie einmal zu einer Jugendstrafe von einem Jahr wegen Raubes und vor zweieinhalb Jahren zu einer Geldstrafe von 100 Tagessätzen wegen Diebstahls verurteilt worden ist. E stellt die K 2 am 1.6. ein. Am 30.6. erfährt E abends in einem Club von einem befreundeten alteingesessenen Richter von allen Vorstrafen der K 2. Gleich am nächsten Morgen erklärt E der K 2: „Hiermit fechte ich das Arbeitsverhältnis mit Ihnen an." K 2 ist der Ansicht, dass das Arbeitsverhältnis weiter besteht. Für den Fall, dass dies nicht der Fall ist, möchte sie wissen, ob sie den Lohn für ihre Arbeit im Juni verlangen kann.

Lösungsvorschlag

I. Fortbestand des Arbeitsverhältnisses

Zu prüfen ist, ob das Arbeitsverhältnis zwischen E und K 2, das am 1.6. begründet wurde, am 1.7. beendet wurde. Dies ist dann der Fall, wenn die E das Arbeitsverhältnis am 1.7. wirksam beendet hat. Die E hat den Arbeitsvertrag ausdrücklich angefochten. Eine Anfechtungserklärung liegt damit vor.

Zu prüfen ist, ob die Anfechtung wirksam ist.

Die Anfechtungsregeln sind im Arbeitsrecht anwendbar, andernfalls könnten Willensmängel bei Eingehung eines Arbeitsverhältnisses nicht berücksichtigt werden.

Fraglich ist, ob auch ein Anfechtungsgrund gegeben ist. E hat den Arbeitsvertrag angefochten, nachdem sie von den Vorstrafen der K 2 erfahren hat. Es kommt eine Anfechtung wegen Irrtums über eine verkehrswesentliche Eigenschaft nach § 119 Abs. 2 BGB in Betracht. Vorstrafen sind zwar keine Eigenschaften, sie lassen aber den Rückschluss auf Eigenschaften eines Arbeitnehmers wie Eignung und Zuverlässigkeit zu. Verkehrswesentlich sind Eigenschaften dann, wenn sie für die Abwicklung des konkreten Rechtsgeschäftes bedeutsam sind. Dies ist bei Vorstrafen der Fall, wenn sich die Vorstrafen auf den Bereich beziehen, auf den sich der Arbeitnehmer bewirbt. K 2 ist auf vermögensrechtlichem Bereich vorbestraft und wurde als Kassiererin eingestellt. Damit ist ein Bezug der Vorstrafen zum konkreten Arbeitsplatz gegeben. Unter dem Gesichtspunkt der Resozialisierung ist allerdings die Verkehrswesentlichkeit der Jugendstrafe nicht mehr gegeben, da die Verurteilung nach § 34 Abs. 1 Nr. 1 c BZRG nach drei Jahren nicht mehr in das Führungszeugnis aufgenommen wurde. Die Frist, nach der die Geldstrafe von 100 Tagessätzen nicht mehr im Führungszeugnis aufgenommen wird, beträgt nach § 34 Abs. 1 Nr. 1 a BZRG dagegen drei Jahre. Die Verurteilung zur Geldstrafe befindet sich deshalb noch im Führungszeugnis. Eine Verurteilung wegen Diebstahls ist zwar keine Eigenschaft eines Menschen, aus ihr kann man jedoch auf Unehrlichkeit schließen. Damit liegt wegen der Verurteilung zur Geldstrafe eine verkehrswesentliche Eigenschaft vor, über die sich E bei Abschluss des Arbeitsvertrages geirrt hat. Es ist anzunehmen, dass E bei Kenntnis der Sachlage und bei verständiger Würdigung des Falles der K 2 kein Angebot zum Abschluss eines Arbeitsvertrages gemacht hätte. Ein Anfechtungsgrund nach § 119 Abs. 2 BGB liegt daher vor.

Die Anfechtungsfrist des § 121 Abs. 1 BGB ist auch eingehalten, Nachdem E von den Vorstrafen der K 2 gehört hat, hat sie den Arbeitsvertrag gleich am nächsten Tag angefochten. Damit hat E den Arbeitsvertrag wirksam angefochten.

Folge einer Anfechtung eines Arbeitsvertrages ist entgegen § 142 Abs. 1 BGB nicht die Unwirksamkeit von Anfang an, sondern erst ab dem Zeitpunkt der Anfechtungserklärung. Damit hat E das Arbeitsverhältnis am 1.7. beendet.

Neben der Anfechtung nach § 119 BGB kommt eine Anfechtung nach § 123 BGB in Betracht.

K 2 hat die (im Hinblick auf Vermögensstraftaten zulässige) Frage der E nach Vorstrafen verneint, obwohl sie die Verurteilung wegen Diebstahls hätte zugeben müssen. Damit liegt eine arglistige Täuschung durch Tun vor. Es ist anzunehmen, dass E die K 2 bei Kenntnis des wahren Sachverhalts nicht eingestellt hätte.

II. Anspruch der K 2 auf Vergütung für Juni

K 2 könnte gegen E einen Anspruch auf Vergütung für ihre im Juni geleistete Arbeit aus § 611 Abs. 1 BGB i.V.m. dem Arbeitsvertrag haben.

Ein Arbeitsvertrag ist am 1.6. zustande gekommen. Damit ist der Anspruch auf Vergütung entstanden.

Der Anspruch könnte durch die Anfechtung der Willenserklärung der E untergegangen sein. Die Voraussetzungen einer Anfechtung nach §§ 119 Abs. 2, 123 BGB liegen vor (s. bei I.).

Rechtsfolge einer Anfechtung im Arbeitsrecht ist aber keine Nichtigkeit ex tunc, wie in § 142 Abs. 1 BGB vorgesehen, sondern Nichtigkeit ab der Anfechtungserklärung. Für die Vergangenheit entsteht ein faktisches Arbeitsverhältnis, das wie ein normales Arbeitsverhältnis behandelt wird.

Da die K 2 ihre Arbeitsleistung erbracht hat, kann sie die Vergütung verlangen.

§§§§§§§§§§§

Wiederholungsfragen zum 2. Kapitel

1. Wodurch wird ein Arbeitsverhältnis begründet?

   Durch den Arbeitsvertrag (= Vertragstheorie)

2. Worüber müssen sich Arbeitgeber und Arbeitnehmer beim Abschluss eines Arbeitsvertrages mindestens einigen?

   Wegen § 612 Abs. 2 BGB nur über die Tätigkeit des Arbeitnehmers

3. Kann ein Minderjähriger, dessen Eltern ihm erlaubt haben, in einem Kiosk zu jobben, wirksame Verträge abschließen?

   Ja, solche, die im Zusammenhang mit seinem Arbeitsverhältnis stehen, § 113 Abs. 1 BGB.

4. Nennen Sie die Voraussetzungen und Rechtsfolgen der Anfechtung eines Arbeitsvertrages.

   Voraussetzungen: Anfechtung zulässig / Anfechtungserklärung/ Anfechtungsgrund/ Anfechtungsfrist.
   Rechtsfolgen: Nichtigkeit der Willenserklärung nach § 142 Abs. 1 BGB, aber keine Rückwirkung, faktisches Arbeitsverhältnis.

5. Wann ist beim Anfechtungsgrund nach § 119 Abs. 2 BGB eine Eigenschaft verkehrswesentlich?

   Wenn sie für die Abwicklung des konkreten Rechtsverhältnisses bedeutsam ist.

6. Es gibt zwei Möglichkeiten, wie ein Arbeitnehmer den Arbeitgeber nach § 123 BGB arglistig täuschen kann. Welche?

   Durch Handeln (Lüge auf Frage des Arbeitgebers) oder durch Unterlassen (Verschweigen trotz Offenbarungspflicht)

7. Wann ist eine Frage des Arbeitgebers im Vorstellungsgespräch zulässig?

   Wenn sie einen konkreten Bezug zum Arbeitsplatz hat und für den Arbeitgeber von schutzwürdigem Interesse ist.

8. Durch welche dogmatische Konstruktion schützt das Arbeitsrecht einen Arbeitnehmer im Rahmen des § 123 BGB vor einer Ausforschung seiner Persönlichkeit?

   Eine falsche Antwort auf eine unzulässige Frage ist keine rechtswidrige arglistige Täuschung (Recht zur Lüge).

9. Was muss der Arbeitnehmer im Vorstellungsgespräch offenbaren?

   Tatsachen, deren Kenntnis im Hinblick auf die Erfüllbarkeit der arbeitsvertraglichen Leistungspflicht wesentlich sind.

10. Wie konkretisiert das BAG die Anfechtungsfrist in § 121 Abs. 1 BGB („unverzüglich")?

    Durch die in § 626 Abs. 2 BGB genannte zweiwöchige Ausschlussfrist einschließlich der dazu ergangenen Rechtsprechung

11. Welche Folgen hat die Anfechtung eines Arbeitsvertrages?

    1. Sie wirkt nur für die Zukunft (ex nunc)
    2. Ab Abschluss des Arbeitsvertrages entsteht ein faktisches Arbeitsverhältnis.

12. Nennen Sie die Rechtsfolgen des faktischen Arbeitsverhältnisses.

    Das Arbeitsverhältnis wird wie ein wirksames behandelt, für die Zukunft kann jeder Vertragspartner das Arbeitsverhältnis jederzeit mit sofortiger Wirkung durch einseitige Erklärung beenden.

3. Kapitel
Rechte und Pflichten aus dem Arbeitsvertrag

Der Arbeitsvertrag ist als Dienstvertrag im Sinn der §§ 611 ff. BGB ein schuldrechtlicher Austauschvertrag.

Aus einem Arbeitsvertrag ergeben sich wie aus grundsätzlich jedem anderen Vertrag für die Vertragspartner Hauptpflichten und Nebenpflichten. Die **Hauptpflichten** von Arbeitgeber und Arbeitnehmer ergeben sich aus § 611 Abs. 1 BGB: Der Arbeitnehmer ist zur Arbeitsleistung, der Arbeitgeber zur Zahlung der Vergütung verpflichtet.

Hauptpflicht des Arbeitgebers

ist die Zahlung der Vergütung. Begrifflich wird üblicherweise unterschieden zwischen **Lohn** - für Arbeiter - und **Gehalt** - für Angestellte. Zuweilen ist auch der Begriff des Entgelts gebräuchlich.

> **Anspruchsgrundlage für die Entgeltzahlungspflicht ist § 611 BGB i.V.m. Arbeitsvertrag.**

Die Höhe des Entgelts richtet sich oft nach einem Tarifvertrag, manchmal ergibt sich die Höhe auch aus dem Arbeitsvertrag direkt. **Hilfsweise** ergibt sich die Höhe der Vergütung aus **§ 612 Abs. 2 BGB**.

Die **Fälligkeit** der Vergütung ergibt sich aus § 614 BGB. Danach ist der Arbeitnehmer vorleistungspflichtig.

Hauptpflicht des Arbeitnehmers

Im Arbeitsvertrag kann die Tätigkeit, die der Arbeitnehmer schuldet, nur allgemein umschrieben werden. Die Verpflichtung zur Arbeitsleistung wird durch das **Direktionsrecht** (= Weisungsrecht) des Arbeitgebers konkretisiert. = *Gehorsamspflicht*

Seit 1.1.2003 ist das Weisungsrecht des Arbeitgebers in **§ 106 GewO** gesetzlich normiert. Es war aber auch vor Inkrafttreten des § 106 GewO anerkannt, dass das Direktionsrecht als Wesensmerkmal eines jeden Arbeitsverhältnisses es dem Arbeitgeber ermöglicht, die im Arbeitsvertrag nur rahmenmäßig umschriebene Leistungspflicht im Einzelnen nach Zeit, Art und Ort zu bestimmen und dass dieses Recht nur nach billigem Ermessen im Sinne von **§ 315 Abs. 3 BGB** ausgeübt werden darf.

Weisungsrecht /Direktionsbefugnis des Arbeitgebers

Der Arbeitgeber darf den Inhalt der vom Arbeitnehmer geschuldeten Leistung durch Weisungen konkretisieren. **Die Direktionsbefugnis ist das Recht des Arbeitgebers, dem Arbeitnehmer im Rahmen des Arbeitsvertrages bestimmte Arbeiten zuzuweisen.**

> Rechtsgrundlage für die Arbeitspflicht des Arbeitnehmers ist § 611 BGB in Verbindung mit dem Arbeitsvertrag, konkretisiert durch eine aufgrund der Direktionsbefugnis ergangene Weisung.

Nach § 106 GewO bezieht sich das Weisungsrecht des Arbeitgeber auf
- Inhalt
- Ort und § 269 BGB
- Zeit der Arbeitsleistung § 106 ZG

sowie auf
- Ordnung und
- Verhalten des Arbeitnehmers im Betrieb.

Bsp.: Einhaltung eines Rauchverbotes, Unterlassen der sexuellen Belästigung

Der Arbeitgeber ist nach § 106 GewO nicht berechtigt, eine Arbeitsbedingung näher zu bestimmen, wenn diese bereits in Gesetzen, im Arbeitsvertrag, im Tarifvertrag oder in einer Betriebsvereinbarung festgelegt ist.

Bsp.: Der als Schreibkraft eingestellte Arbeitnehmer darf nicht als Vertretung für den kranken Putzmann eingesetzt werden. - Der Pförtner muss einer Weisung, wonach er über die im Tarifvertrag geregelten Fälle hinaus Torkontrollen durchführen soll, nicht folgen.

Nach § 106 GewO besteht das Weisungsrecht des Arbeitgebers nur **„nach billigem Ermessen"**. Über die Generalklausel „billiges Ermessen" gelten die Wertungen der Grundrechte für das Direktionsrecht.

Im Gegensatz zum BGH vertrat das BAG früher die Ansicht, dass die Grundrechte auch im Verhältnis von Arbeitgeber und Arbeitnehmer unmittelbar gelten (**= Lehre von der unmittelbaren Drittwirkung der Grundrechte**). Inzwischen ist aber auch vom BAG anerkannt, **dass die Grundrechte im Arbeitsverhältnis nur mittelbar bei der Anwendung und Auslegung von Generalklauseln** (§§ 138, 157, 242 BGB) **und unbestimmter Rechtsbegriffe** (z.B. „billiges Ermessen" in § 315 BGB und § 106 GewO) gelten.

Dies betrifft zum Beispiel die **Meinungsfreiheit des Art. 5 GG**: Grundsätzlich ist der Arbeitnehmer ist auch im Rahmen seines Arbeitsverhältnisses berechtigt, seine Meinung frei zu äußern.

> **Die Grenzen der Meinungsfreiheit** liegen nach Art. 5 Abs. 2 GG in den Vorschriften der allgemeinen Gesetze usw. Unter den Begriff „allgemeine Gesetze" fallen nach Ansicht des BAG im Arbeitsrecht die Rechte und Pflichten aus dem Arbeitsverhältnis.

Danach ist der Arbeitnehmer u.a. dazu verpflichtet, durch sein Verhalten den Arbeitsablauf und den Betriebsfrieden nicht zu gefährden, nicht zu beeinträchtigen oder gar zu stören.

Bsp.: Im Herbst 1979 trug ein Arbeitnehmer eine Plakette mit der Aufschrift „Strauß - nein danke." Nach mehrmaliger vergeblicher Aufforderung, die Plakette zu entfernen, wurde dem Arbeitnehmer fristlos gekündigt. (Franz Josef Strauß war damals Kanzlerkandidat.)

Die außerordentliche Kündigung (§ 626 BGB) eines Arbeitnehmers, der von seiner Meinungsfreiheit Gebrauch macht, ist allerdings bei einer bloßen Gefährdung des Betriebsfriedens nicht gerechtfertigt. Erforderlich ist vielmehr eine **konkrete Störung des Arbeitsverhältnisses** im Leistungsbereich oder in der Verbundenheit der Mitarbeiter (Betriebsfrieden). Je nach Intensität und Auswirkungen des Verhaltens des Arbeitnehmers ist keine außerordentliche, sondern nur eine ordentliche Kündigung (nach Einhaltung einer Kündigungsfrist) gerechtfertigt oder auch nur eine Abmahnung.

Unproblematisch und anerkannt ist dagegen die unmittelbare Geltung des **Art. 9 Abs. 3 S. 2 GG**.

Bsp.: Eine Klausel in einem Arbeitsvertrag, nach der das Arbeitsverhältnis erlischt, wenn der Arbeitnehmer einer Gewerkschaft beitritt, ist wegen Verstoßes gegen Art. 9 Abs. 3 GG nichtig.

 Lektüreempfehlung zur Bedeutung weiterer Grundrechte im Arbeitsverhältnis:
Steinmeyer, Heinz-Dietrich; Waltermann, Raimund: Casebook Arbeitsrecht, 2000, S. 10 - 21.

Prüfung eines Anspruchs aus dem Arbeitsvertrag i.V.m. einer aufgrund der Direktionsbefugnis ergangenen Weisung

1. **Besteht ein Arbeitsverhältnis?** (nur wenn problematisch)
2. **Ist die Weisung mit dem Arbeitsvertrag vereinbar?**
3. **Ist die Weisung mit höherrangigem Recht vereinbar?** (Gesetze, Tarifvertrag, Betriebsvereinbarung)
4. **Entspricht die Weisung nach § 106 GewO billigem Ermessen?** (Grundrechte!)

Fall 3: Freiheit für Aufkleber?

Im Betrieb des A sind zahlreiche Arbeiter türkischer Herkunft tätig. Der Kurde K hat auf seinem Spind einen Aufkleber mit der Aufschrift „Für ein freies Kurdistan" angebracht. Der Aufkleber führt zu unschönen Wortwechseln und zu ersten Handgreiflichkeiten, teilweise auch während der Arbeitszeit. Um weitere Störungen zu verhindern, weist A den K an, den Aufkleber zu entfernen. Muss K die Weisung befolgen?

Lösungsvorschlag

1. Der Anspruch des A auf Entfernung des Aufklebers könnte sich aus dem mit K abgeschlossenen Arbeitsvertrag i.V.m. einer aufgrund der Direktionsbefugnis ergangenen Weisung ergeben.

K muss die Weisung des A befolgen, wenn sie rechtmäßig ist.

Zu prüfen ist, ob sich die Weisung im Rahmen des Weisungsrechts hält.

Nach § 106 Satz 2 GewO kann der Arbeitgeber Ordnung und Verhalten des Arbeitnehmers im Betrieb näher bestimmen, soweit keine Festlegung im Arbeitsvertrag, in einer Betriebsvereinbarung, im Tarifvertrag oder im Gesetz vorhanden ist. Nach § 106 Satz 1 GewO muss die Weisung nach „billigem Ermessen" erfolgen. Bei dem Tatbestandsmerkmal „billiges Ermessen" handelt es sich um einen unbestimmten Rechtsbegriff. Nach Ansicht des BAG und der überwiegenden Literatur ermöglichen unbestimmte Rechtsbegriffe eine mittelbare Drittwirkung von Grundrechten im Zivilrecht.

Die Weisung des A, den Aufkleber zu entfernen, könnte unzulässigerweise in das Recht des K auf freie Meinungsäußerung nach Art. 5 GG eingreifen.

Dann müsste die Weisung in den Schutzbereich des Art. 5 GG eingreifen. Indem sich K für ein freies Kurdistan ausspricht, äußert er ein politisches Werturteil und damit eine Meinung im Sinn des Art. 5 Abs. 1 S. 1 GG. Die Weisung, den Aufkleber zu entfernen, greift in den Schutzbereich ein.

Der Eingriff könnte aber verfassungsrechtlich gerechtfertigt sein. Dies wäre dann der Fall, wenn er aufgrund eines allgemeinen Gesetzes im Sinn von Art. 5 Abs. 2 GG ergangen und verhältnismäßig wäre. Es ist anerkannt, dass allgemeine Gesetze im Sinn von Art. 5 Abs. 2 GG auch Rechte und Pflichten aus dem Arbeitsverhältnis sind. Danach muss sich ein Arbeitnehmer so verhalten, dass der Betriebsfrieden nicht gefährdet wird. K wusste, dass er mit dem Spruch auf seinem Aufkleber seine türkischen Kollegen provozieren würde und tatsächlich führte das Anbringen des Aufklebers nicht nur zu verbalen, sondern sogar zu tätlichen Auseinandersetzungen während der Arbeitszeit. Der Betriebsfrieden ist damit gestört worden. Die Weisung der A dient der Wiederherstellung des Betriebsfriedens. Damit ist sie durch ein allgemeines Gesetz gedeckt.

Die Weisung ist zur Wiederherstellung des Betriebsfriedens auch geeignet, erforderlich und angemessen. Damit ist sie verhältnismäßig.

Damit ist der Eingriff in den Schutzbereich des Art. 5 GG gerechtfertigt.

Folglich entspricht die Weisung, den Aufkleber zu entfernen, „billigem Ermessen" im Sinn des § 106 GewO. Die Weisung ist rechtmäßig und für K verbindlich.

2. Ein Anspruch auf Entfernung des Aufklebers könnte sich weiter aus § 1004 BGB ergeben.

Es kann davon ausgegangen werden, dass A der Eigentümer des Spindes ist. Durch das Anbringen des Aufklebers hat K das Eigentum des A beeinträchtigt. Eine Duldungspflicht des A besteht nicht.

Ergebnis: K muss die Weisung des A befolgen.

§§§§§§§§§§§§§§

Nebenpflichten

Mögliche Rechtsgrundlagen für Nebenpflichten sind:
- Gesetze
- Tarifverträge
- Arbeitsvertrag
- Grundsatz von Treu und Glauben nach § 242 BGB. Daraus wird die allgemeine Pflicht der Vertragspartner auf Rücksichtnahme, Schutz und Förderung des Vertragszweckes hergeleitet. Auch § 241 Absatz 2 BGB legt fest, dass das Schuldverhältnis nach seinem Inhalt jeden Teil zur Rücksichtnahme auf die Rechte, Rechtsgüter und Interessen des anderen Teils verpflichten kann.

Die Nebenpflichten des Arbeitnehmers werden vereinzelt noch als „Treuepflichten" bezeichnet. Dem stehen auf der Arbeitgeberseite die „Fürsorgepflichten" gegenüber.

Nebenpflichten des Arbeitnehmers

Der Arbeitnehmer ist zur Einhaltung folgender Nebenpflichten verpflichtet (unabhängig davon, ob sie im Arbeitsvertrag vereinbart wurden):

- Wahrung der Verschwiegenheit über Betriebs- und Geschäftsgeheimnisse
- Unterlassung ruf- und kreditschädigender Mitteilungen über den Arbeitgeber und den Betrieb (meist abzuwägen gegen das Grundrecht auf Meinungsfreiheit)
- Einhaltung eines Wettbewerbsverbotes (siehe § 110 GewO)
- Einhaltung der Schranken für die Ausübung von Nebentätigkeiten (Arbeitszeitgesetz, keine Konkurrenztätigkeit, Wahrung berechtigter Interessen des Arbeitgebers, keine dem Urlaubszweck widersprechende Erwerbstätigkeit nach § 8 BUrlG)
- Verbot der Annahme von Schmiergeldern
- Handlungspflichten, z.b. Meldung drohender Schäden im Arbeitsbereich
- Auskunftspflichten: Korrekte Angaben, z.b. bei Spesenabrechnung
- Anzeigepflichten: vor allem die Anzeige der Arbeitsunfähigkeit nach § 5 EFZG
- *Überlassen von Arbeiten* (handschriftlich)

Nebenpflichten des Arbeitgebers

Die meisten Nebenpflichten des Arbeitgebers bestehen in der Einhaltung von Pflichten aus Arbeitnehmerschutzgesetzen oder in der Einhaltung von Pflichten, die die Rechtsprechung dem Arbeitgeber aufgegeben hat.

- Die wichtigsten Nebenpflichten des Arbeitgebers sind folgende:
- *Sorg u. Obhutspflicht* (handschriftlich)
- Aushändigung der wesentlichen Vertragsbedingungen in schriftlicher Form nach dem Nachweisgesetz
- Gleichbehandlung der Arbeitnehmer
- Beschäftigung des Arbeitnehmers: Aus dem allgemeinen Persönlichkeitsrecht des Arbeitnehmers (Art. 1 und 2 GG) leitet das BAG einen Anspruch des Arbeitnehmers ab, **auf Verlangen vertragsgemäß beschäftigt** zu werden. Diesem Beschäftigungsanspruch des Arbeitnehmers liegt das berechtigte Interesse des Arbeitnehmers zugrunde, sich am Arbeitsplatz beruflich zu entfalten, sich gegebenenfalls weiterzubilden und seine Leistungsfähigkeit zu erhalten.

Anspruchsgrundlage für den Beschäftigungsanspruch ist nach BAG **§§ 611, 613 i.V.m. 242 BGB** ab, wobei die Generalklausel des § 242 BGB durch die Wertentscheidung der **Art 1 und 2 GG** ausgefüllt wird

Der Anspruch auf Beschäftigung kann bei entfallen, wenn ihm überwiegende Interessen des Arbeitgebers entgegenstehen, z.b. fehlende Einsatzmöglichkeit wegen Auftragsmangels, Gründe, die eine fristlose Kündigung rechtfertigen würden und Wegfall der Vertrauensgrundlage. Grundsätzlich bleibt der Arbeitgeber jedoch auch in diesen Fällen zur Zahlung der Vergütung verpflichtet.

- Wiedereinstellung eines Arbeitnehmers nach zu Unrecht erfolgter Kündigung
  Bsp.: Arbeitnehmer wird wegen Diebstahlsverdacht außerordentlich gekündigt, der Vorwurf erweist sich als unberechtigt.
- Freistellung zur Stellensuche nach § 629 BGB
- Erteilung eines Zeugnisses nach § 109 GewO
- Schutz von Leben und Gesundheit des Arbeitnehmers und Nichtraucherschutz (§ 618 BGB)
- Einhaltung der Rechte nach §§ 81 ff. BetrVG (Lesen!): Nach § 81 BetrVG hat der Arbeitgeber den Arbeitnehmer über seine Stellung im Betrieb zu informieren. Nach § 82 BetrVG hat der Arbeitnehmer ein Recht darauf, über betriebliche Angelegenheiten, die ihn betreffen, angehört zu werden. Weiter kann der Arbeitnehmer eine Erläuterung über seine Vergütung verlangen. Das Recht des Arbeitnehmers auf **Einsicht in die über ihn geführte Personalakte** ergibt sich aus **§ 83 BetrVG**. Obwohl diese Rechte im BetrVG normiert sind, gehören sie systematisch zum Arbeitsvertragsrecht und bestehen **für jeden Arbeitnehmer unabhängig von der Existenz eines Betriebsrates** im konkreten Betrieb.

Wiederholungsfragen zum 3. Kapitel

1.	Nennen Sie die Anspruchsgrundlage, nach der der Arbeitgeber vom Arbeitnehmer die Arbeitsleistung verlangen kann.	§ 611 BGB i.V.m. Arbeitsvertrag
2.	Woraus ergibt sich die Höhe der Vergütung?	Aus dem Arbeitsvertrag, eventuell einem Tarifvertrag, hilfsweise aus § 612 Abs. 2 BGB.
3.	Wann ist die Vergütung fällig?	Der Arbeitnehmer ist vorleistungspflichtig, § 614 BGB.
4.	Erklären Sie den Begriff des Direktionsrechts bzw. der Weisungsbefugnis.	Das Recht des Arbeitgebers, dem Arbeitnehmer im Rahmen des Arbeitsvertrages bestimmte Arbeiten zuzuweisen.
5.	Was ist die Rechtsgrundlage für eine konkrete Aufgabe, die ein Arbeitnehmer vornehmen soll?	§ 611 BGB i.V.m. Arbeitsvertrag, konkretisiert durch eine aufgrund der Direktionsbefugnis ergangenen Weisung.

6. Unter welchen Voraussetzungen ist ein Arbeitnehmer dazu verpflichtet, einer Weisung Folge zu leisten?

Die Weisung muss sich
1. im Rahmen des Arbeitsvertrages halten,
2. sie muss mit übergeordnetem Recht vereinbar sein,
3. gem. § 106 GewO der Billigkeit entsprechen.

7. Können auch die Wertungen der Grundrechte für eine Weisung bedeutsam sein?

Ja, über § 106 GewO

8. Wie können Grundrechte im Arbeitsrecht allgemein Geltung erlangen?

Mittelbar über Generalklauseln, z.B. §§ 138, 157, 242 BGB und unbestimmte Rechtsbegriffe („billiges Ermessen" in § 315 BGB und § 106 GewO).
Art. 9 Abs. 3 S. 2 GG gilt jedoch unmittelbar.

9. Wo liegen die Grenzen für einen Arbeitnehmer auch im Rahmen seines Arbeitsverhältnisses seine Meinung zu äußern?

Wenn es zu einer Störung des Betriebsfriedens oder im Leistungsbereich kommt.

10. Nennen Sie Rechtsgrundlagen für Nebenpflichten von Arbeitgeber und Arbeitnehmer?

Gesetze, Tarifverträge, Arbeitsvertrag, Grundsatz von Treu und Glauben (§ 242 BGB)

11. Aufgrund welcher Norm kann der Arbeitnehmer Einsicht in eine über ihn geführte Personalakte verlangen?

Nach § 83 BetrVG.

12. Ist der Anspruch aus § 83 BetrVG an die Existenz eines Betriebsrates geknüpft?

Nein.

13. Der Arbeitgeber ist verpflichtet, den Arbeitnehmer auf dessen Verlangen tatsächlich zu beschäftigen. Anspruchsgrundlage?

§§ 611, 613, 242 BGB i.V.m. Art. 1 und 2 GG

14. Nennen Sie eine Ausnahme für die Beschäftigungspflicht des Arbeitgebers.

Der Arbeitnehmer steht im Verdacht, eine strafbare Handlung begangen zu haben.

15. Nennen Sie zwei Ansprüche, die ein gekündigter Arbeitnehmer hat (mit Anspruchsgrundlagen).

Freizeit zur Stellensuche nach § 629 BGB, Erteilung eines Zeugnisses, § 109 GewO

4. Kapitel
Leistungsstörungen im Arbeitsverhältnis

Aus dem Arbeitsvertrag schuldet der Arbeitnehmer dem Arbeitgeber die Arbeitsleistung, der Arbeitgeber ist zur Zahlung der Vergütung verpflichtet. Diese beiden Hauptleistungspflichten stehen im Gegenseitigkeitsverhältnis. Das bedeutet, der Schuldner der einen Forderung ist der Gläubiger der anderen Forderung und umgekehrt. Damit ist der Arbeitsvertrag ein **gegenseitiger Vertrag**.

Der **Schwerpunkt** der Leistungsstörungen liegt in den Fallgestaltungen, in denen der Arbeitnehmer - aus welchen Gründen auch immer - nicht arbeitet. Dann stellt sich die Frage, ob der Arbeitnehmer vom Arbeitgeber die Zahlung der Vergütung verlangen kann.

Grundsätzlich sind auf den Arbeitsvertrag, wie auch auf die übrigen Verträge des besonderen Schuldrechts, die Vorschriften des allgemeinen Teils des BGB und des allgemeinen Schuldrechts anwendbar. Allerdings werden diese Vorschriften durch arbeitsrechtliche Sondervorschriften und durch eine auf das Arbeitsverhältnis abgestimmte Rechtsprechung modifiziert (z.B. zur Anfechtung des Arbeitsvertrages, zum Annahmeverzug und zur Arbeitnehmerhaftung).

Vertretenmüssen durch den Schuldner / Arbeitnehmer

Ein einsichtiger Fall der Nichtleistung, die der Arbeitnehmer zu vertreten hat, liegt darin, dass dieser verschlafen und Bus oder Bahn verpasst hat und deshalb zu spät zur Arbeit kommt. Hier könnte es jedoch schwierig werden, die Unmöglichkeit der Arbeitsleistung vom Verzug und den entsprechenden Rechtsfolgen abzugrenzen. § 280 BGB regelt zwar die Verpflichtung zum Schadensersatz bei allen Pflichtverletzungen, also auch Unmöglichkeit und Verzug, für den Gegenanspruch gilt bei der Unmöglichkeit jedoch § 326 BGB, bei Verzug § 323 BGB.

Zur Abgrenzung von Unmöglichkeit und Verzug im Arbeitsrecht gilt folgende Rechtsprechung:

> Nach hM ist bei einem normalen Arbeitsverhältnis die Erbringung der Arbeitsleistung zu einer bestimmten Zeit ein wesentliches Kriterium. Eine Verzögerung der Leistung ist mit der Unmöglichkeit der Leistungserbringung gleichzusetzen. Die ausgefallene Arbeit ist in der Regel nicht nachholbar (=**Fixschuldcharakter der Arbeitspflicht**).

Regelmäßig liegt also bei einer Nichtleistung der Arbeit Unmöglichkeit und nicht Verzug vor.

Fall 4: Stiller Wecker

Die Arbeitszeit für X beginnt täglich um 8 Uhr. Eines Morgens klingelt der Wecker nicht, weil die Batterie verbraucht ist. X verschläft und kommt erst um 9 Uhr zur Arbeit. X verlangt unter Hinweis auf das Sozialstaatsprinzip die Vergütung der Arbeitszeit von 8 bis 9 Uhr. Der Arbeitgeber verweist X auf den Grundsatz „Ohne Arbeit kein Lohn" und verlangt, dass X eine Stunde länger arbeitet. Kann der Arbeitgeber die Nachholung der Arbeitszeit verlangen? Kann X die Vergütung verlangen?

Lösungsvorschlag

1. Anspruch des Arbeitgebers auf Nachholung der Arbeitszeit

Der Anspruch des Arbeitgebers auf Nachholung der Arbeitszeit kann sich aus § 611 BGB i.V.m. dem Arbeitsvertrag ergeben Der Anspruch ist mit dem Abschluss des Arbeitsvertrages entstanden.

Der Anspruch auf Leistung der Arbeit zwischen 8 und 9 Uhr könnte aber nach § 275 Abs. 1 BGB untergegangen sein. Dann müsste dem X die Leistung unmöglich geworden sein.

Wegen des Fixschuldcharakters der Arbeitspflicht ist die Arbeitsleistung, die zu der vereinbarten Zeit nicht geleistet wurde, mit dem Ablauf der Zeit unmöglich geworden.

Daher ist es dem X unmöglich, die Arbeit von 8 bis 9 Uhr zu leisten.

Ergebnis: Der Arbeitgeber kann von X keine Nachholung der Arbeitsleistung verlangen.

2. Anspruch des X auf Vergütung:

Der Anspruch des X auf Vergütung der Arbeitszeit von 8 bis 9 Uhr ist aus § 611 i.V.m. dem Arbeitsvertrag entstanden.

Der Anspruch könnte nach § 326 Abs. 1 S. 1 BGB untergegangen sein. X brauchte nach § 275 Abs. 1 BGB nicht zu leisten, damit entfällt der Gegenanspruch.

Ergebnis: X hat keinen Anspruch auf Vergütung.

§§§§§§§§§§§§

Es gilt also:

> **Hat der Arbeitnehmer die Verletzung der Arbeitspflicht nach § 275 Abs. 1 bis 3 BGB zu vertreten, so verliert er nach § 326 Abs. 1 S. 1 BGB den Anspruch auf Vergütung.**

Der Grundsatz „Ohne Arbeit kein Lohn" drückt diese Rechtslage aus. Allerdings gibt es viele Fälle, in denen der Arbeitnehmer seine Vergütung verlangen kann, ohne die Arbeitsleistung erbracht zu haben, z.b. während eines Urlaubs nach §§ 1, 11 BUrlG, bei vorübergehender Verhinderung an der Arbeitsleistung nach § 616 BGB (diese Anspruchsgrundlage müsste in Fall 4 noch geprüft werden) und bei Krankheit nach § 3 EFZG. Der Satz „Ohne Arbeit kein Lohn" bedeutet daher nur, dass die Zahlung der Vergütung in einem Fall, in dem der Arbeitnehmer nicht gearbeitet hat, einer **besonderen Anspruchsgrundlage** bedarf.

Vertretenmüssen durch den Gläubiger

Nach den allgemeinen Regeln des Schuldrechts gilt: Hat der Gläubiger die Verletzung der Arbeitspflicht des Schuldners zu vertreten, behält der Schuldner nach § 326 Abs. 2 S. 1, 1 Alt. BGB seinen Vergütungsanspruch. Übertragen auf das Arbeitsrecht hieße das: Ist der Arbeitgeber dafür verantwortlich, dass der Arbeitnehmer seine Arbeitsleistung nicht erbringen kann, muss er dennoch die Vergütung zahlen.

Weder vom Gläubiger noch vom Schuldner zu vertreten

Die **grundsätzliche Regelung** nach dem allgemeinen Schuldrecht des BGB bei weder vom Schuldner noch vom Gläubiger zu vertretender Unmöglichkeit:

> Braucht der Schuldner nach § 275 Abs. 1 bis 3 BGB nicht zu leisten,
> so verliert er nach § 326 Abs. 1 S. 1, 1. HS BGB den Anspruch auf die Gegenleistung.

Ausnahmen im Arbeitsrecht

Zu den grundsätzlichen Regelungen nach dem BGB gibt es Ausnahmen im Arbeitsrecht.

Fälle des § 616 BGB

Der Arbeitnehmer arbeitet aus persönlichen Gründen für unerhebliche Zeit nicht. (= Nichtarbeit wegen subjektiv persönlicher Hindernisse). Diese Vorschrift gilt auch für freie Mitarbeiter.

Voraussetzungen des § 616

> 1. **Der Arbeitnehmer ist an der Arbeitsleistung verhindert**
> 2. **durch einen in seiner Person liegenden Grund (Verhinderungsgrund)**
> 3. **ohne sein Verschulden**
> 4. **für eine verhältnismäßig nicht erhebliche Zeit (Verhinderungsdauer).**

Zu den einzelnen Voraussetzungen:

Zu 2) Verhinderungsgrund

Nach dem Wortlaut des § 616 BGB muss der Grund der Verhinderung in der Person des Arbeitnehmers liegen. Nach Ansicht des BAG darf das Erfordernis eines „in der Person des Arbeitnehmers liegenden Grundes" aber **nicht** so verstanden werden, dass die Arbeitsverhinderung **unmittelbar in der Person des Arbeitnehmers** beruhen muss. Es genügt, dass der Verhinderungsgrund aus der **persönlichen Sphäre** des Dienstverpflichteten stammt. Dabei kommt es auf die **Abgrenzung zu objektiven Leistungshindernissen**, die zur selben Zeit für mehrere Dienstverpflichtete bestehen, an. Bei objektiven Leistungshindernissen besteht kein Anspruch auf bezahlte Freistellung nach § 616

Bsp. für objektive Leistungshindernisse: Schneeverwehungen, Glatteis, Hochwasser, Straßensperre, Verkehrsunfall, Ausfall einer U-Bahn

In den Fällen, in denen ein objektiver Verhinderungsgrund gegeben ist, bleibt es bei den allgemeinen Regeln des Schuldrechts, wonach der Arbeitnehmer von seiner Verpflichtung zur Arbeitsleistung nach § 275 BGB frei wird und sein Anspruch auf Vergütung gegen den Arbeitgeber nach § 326 Abs. 1 BGB untergeht.

> **§ 616 BGB erfasst nicht das Wegerisiko.**
> **Dieses trägt der Arbeitnehmer.**

Anerkannte Fälle von Verhinderungsgründen i.S.d. § 616 BGB sind: Versagen des Autos, eigener Unfall, Brand oder Wasserrohrbruch in der Wohnung, eigene kirchliche oder standesamtliche Eheschließung, religiöse Feste wie Kommunion und Konfirmation der Kinder, Todesfälle und Begräbnisse aus dem engen Familienkreis, Hochzeit der Kinder, Wiederverheiratung eines Elternteils, Arztbesuch (nur bei akuten Beschwerden oder wenn der Arztbesuch nur während der Arbeitszeit erfolgen kann), Fahrprüfung, Ehefrau oder in häuslicher Gemeinschaft lebende Partnerin bringt ein Kind zur Welt.

Der eigentlich wichtigste Anwendungsfall des § 616 BGB, nämlich die **Verhinderung des Arbeitnehmers an der Arbeitsleistung wegen einer Krankheit**, ist im **Entgeltfortzahlungsgesetz** (EFZG) geregelt.

Zu 3) „Ohne Verschulden"

Der Arbeitnehmer darf den Verhinderungsgrund nicht verschuldet haben.
Verschulden liegt vor:

1. bei einer vertraglichen Pflichtverletzung
2. im Fall des Verschuldens gegen sich selbst

> Verschulden gegen sich ist ein grober Verstoß gegen das Verhalten, das man von einem verständigen Menschen im eigenen Interesse erwarten kann.

(Der Begriff des Verschuldens gegen sich selbst ist auch Verschuldensmaßstab im EFZG, Beispiele siehe dort).

Zu 4) Verhinderungsdauer

Bei der Beurteilung, ob der Arbeitsausfall verhältnismäßig nicht erheblich war, können folgende Kriterien angewandt werden:

- Verhältnis der Verhinderungszeit zur Gesamtdauer des Arbeitsverhältnisses
- die für den einschlägigen Verhinderungsfall objektiv notwendige Zeit
- Art, Schwere und Dauer des Verhinderungsgrundes sowie die
- Möglichkeit den Verhinderungsgrund zu beseitigen

Jeder Einzelfall muss individuell beurteilt werden. Nach der Rechtsprechung des Bundesarbeitsgerichts darf die Verhinderungsdauer die Dauer von sechs Wochen nicht überschreiten.[2] Interessen des Arbeitgebers spielen bei der Überlegung, ob die Verhinderungsdauer noch angemessen ist, keine Rolle

Bleibt der Arbeitnehmer länger als eine nicht erhebliche Zeit von der Arbeit fern, entfällt der Anspruch aus § 616 BGB ganz.

Rechtsfolgen

> 1. Der Arbeitnehmer behält den Anspruch auf Vergütung
> 2. Leistungen der Kranken- oder Unfallversicherung muss sich der Arbeitnehmer anrechnen lassen.

§ 616 BGB ist keine zwingende Vorschrift, sondern dispositiv. § 616 BGB wird häufig in **Tarifverträgen** durch einen Katalog von Fällen, in denen die Vergütung für eine festgelegte Zeit fortzuzahlen ist, ersetzt.

---

[2] BAG 20.7.1977 AP 47 zu § 616 BGB

Der Arbeitnehmer ist krank

Die Lohnfortzahlung im Krankheitsfall richtet sich nach dem EFZG.

Entgeltfortzahlungsgesetz (EFZG)

Die Zahlung des Arbeitsentgelts im Krankheitsfall und an Feiertagen ist im Entgeltfortzahlungsgesetz (EFZG) geregelt. Systematisch ist das EFZG ein Sonderfall des § 616 BGB.

Voraussetzungen des Anspruchs nach § 3 EFZG

1. **Wirksames Arbeitsverhältnis**, dieses muss mindestens vier Wochen lang ununterbrochen dauern, § 3 Abs. 3 EFZG (Wartezeit).
2. **Der Arbeitnehmer wird durch Arbeitsunfähigkeit infolge Krankheit an seiner Arbeitsleistung verhindert.**
3. Den Arbeitnehmer trifft am Eintritt der Krankheit **kein Verschulden**

Rechtsfolge:

Dem Arbeitnehmer ist nach § 4 EFZG Entgelt nach dem Lohnausfallprinzip fortzuzahlen

Genaueres zu den Voraussetzungen des Anspruchs und zu klausurrelevanten Problemen:

Zu 2) Krankheit als Verhinderungsgrund

Die Krankheit muss die Arbeitsunfähigkeit bewirken. Dies ist der Fall, wenn der Arbeitnehmer durch die Krankheit daran gehindert wird, die geschuldete Arbeitsleistung zu erbringen.

Die Begriffe „**Krankheit**" und „Arbeitsunfähigkeit" sind sorgfältig voneinander zu unterscheiden. Eine Krankheit ist ein regelwidriger körperlicher oder geistiger Zustand, der der Heilbehandlung bedarf. **Arbeitsunfähig** ist ein Arbeitnehmer, wenn er die vertraglich geschuldete Tätigkeit nicht ausführen kann oder wenn er sie nur unter der Gefahr ausführen kann, dass sich sein Gesundheitszustand in absehbarer, naher Zukunft verschlimmert. Nicht jede Erkrankung hat also Arbeitsunfähigkeit zur Folge.

Bsp.: Ein am PC tätiger Angestellter kann mit einem Gipsverband am Handgelenk nicht arbeiten, ein Radiosprecher kann mit einem solchen Gips dagegen durchaus arbeiten.

Die Krankheit muss **alleinige Ursache** für die Arbeitsverhinderung sein. Wenn im fraglichen Zeitraum aus anderen Gründen nicht gearbeitet werden konnte, z.B. wegen eines Streiks oder weil er in Elternzeit ist, hat der Arbeitnehmer keinen Anspruch aus dem EFZG. Die Vergütung eines Arbeitnehmers, dessen Arbeit infolge eines Feiertags ausfällt, richtet sich nach § 2 EFZG.

Maßgeblich für die Arbeitsunfähigkeit ist die Bewertung des Arztes, die nach objektiven Maßstäben erfolgen muss. Im Bereich der gesetzlichen Krankenversicherung hat ein Arzt die Arbeitsunfähigkeit anhand der **Arbeitsunfähigkeits-Richtlinien** zu messen (§ 92 Absatz 1 Nr. 7, § 81 Absatz 3 Nr. 2 SGB V).

Zu 3) Ausschluss des Anspruchs bei Verschulden

Nach der Rechtsprechung des BAG ist mit dem Begriff des Verschuldens in § 3 EFZG nicht der strenge Verschuldensmaßstab des § 276 BGB gemeint. Vielmehr ist der Begriff ebenso wie in § 616 BGB im Sinn eines **Verschuldens gegen sich selbst** auszulegen. Danach trifft einen Arbeitnehmer dann ein Verschulden an seiner Krankheit, wenn er gröblich gegen das Verhalten verstoßen hat, das von einem verständigen Menschen im eigenen Interesse erwartet werden kann.

Einzelfälle zum Verschulden im Sinn des EFZG:

- **Allgemeine Erkrankungen**, z.B. Erkältung: sind grundsätzlich unverschuldet.
- **Arbeitsunfälle:** sind nur bei grob fahrlässiger Verletzung der Unfallverhütungsvorschriften verschuldet.
- **Verkehrsunfälle:** sind ebenfalls nur bei vorsätzlicher oder grob fahrlässiger Missachtung der Verkehrsregeln verschuldet.
  Bsp.: Telefonieren ohne Freisprechanlage
- **Alkoholismus und andere Suchtkrankheiten**: Grundsätzlich wertet das BAG Suchtkrankheiten als Krankheiten, die ein Verschulden ausschließen. Ein Verschulden wird jedoch bejaht, wenn ein Arbeitnehmer nach einer Entziehungskur und nach wochenlanger Abstinenz einen Rückfall hat.
- **Sportunfälle**: Das Bundesarbeitsgericht nennt drei Fallgruppen eines Verschuldens gegen sich selbst:
  (1) Die sportliche Betätigung übersteigt die Kräfte und Fähigkeiten des Arbeitnehmers deutlich.
  (2) Der Arbeitnehmer verstößt in besonders grober Weise und leichtsinnig gegen anerkannte Regeln der jeweiligen Sportart.
  (3) Der Arbeitnehmer wird bei der Teilnahme an einer gefährlichen Sportart arbeitsunfähig verletzt. Gefährlich in diesem Sinn ist eine Sportart, wenn das Verletzungsrisiko bei objektiver Betrachtung so groß ist, dass auch ein gut ausgebildeter Sport-

ler bei sorgfältiger Beachtung aller Regeln das Verletzungsrisiko nicht vermeiden kann, weil er sich unbeherrschbaren Gefahren aussetzt. Bisher hat das Bundesarbeitsgericht in keinem Fall eine gefährliche Sportart angenommen. Insbesondere sollen weder **Amateurboxen**[3] noch **Drachenfliegen**[4] gefährlich i.S.d. EFZG sein. In der Instanzrechtsprechung wurde **Kickboxen** als gefährliche Sportart gewertet.[5]

Der Inhalt des Anspruchs

Die Höhe der Entgeltfortzahlung orientiert sich nach § 4 EFZG am **Lohnausfallprinzip**. Nach § 3 Abs. 1 EFZG kann der Arbeitnehmer vom Arbeitgeber grundsätzlich **sechs Wochen** lang Entgeltfortzahlung verlangen. Dies gilt auch bei wiederholter Erkrankung (eine Erkältung im November und eine im Februar). Bei Fortsetzungserkrankung ist § 3 Abs. 1 S. 2 EFZG zu beachten.

Bedeutung der Anzeige- und Nachweispflicht

Nach § 5 EFZG ist der Arbeitnehmer verpflichtet, den Arbeitgeber über seine Arbeitsunfähigkeit zu informieren **(Anzeigepflicht)** und diese nachzuweisen **(Nachweispflicht)**. Der **Nachweis** muss durch eine ärztliche Bescheinigung (Arbeitsunfähigkeitsbescheinigung) erbracht werden. Die ärztliche Diagnose erfährt der Arbeitgeber in der Arbeitsunfähigkeitsbescheinigung nicht.

Verletzt der **Arbeitnehmer** schuldhaft die **Nachweispflicht**, kann der Arbeitgeber nach § 7 EFZG die Fortzahlung des Arbeitsentgelts verweigern. Holt der Arbeitnehmer seine Nachweispflicht nach, muss der Arbeitgeber Entgeltfortzahlung leisten. Dies kann man aus dem Wort „solange" in § 7 Abs. 1 Nr. 1 EFZG schließen.

Verletzt der **Arbeitnehmer** die **Anzeigepflicht**, hat der Arbeitgeber kein Leistungsverweigerungsrecht. Dies ergibt sich daraus, dass in § 7 EFZG ein Leistungsverweigerungsrecht ausschließlich bei Verletzung der Nachweispflicht regelt.

Wiederholungsfragen

1. Sind die Regeln im BGB aus dem allgemeinen Teil und dem allgemeinen Schuldrecht auf den Arbeitsvertrag anwendbar?

   Grundsätzlich ja, sie gelten aber oft modifiziert. Beispiele: Einschränkung des Anfechtungsrechts, Beschränkung der Arbeitnehmerhaftung.

2. Warum ist der Arbeitsvertrag ein gegenseitiger Vertrag?

   Weil die Hauptleistungspflichten, die Arbeitsleistung und die Zahlung der Vergütung, im Gegenseitigkeitsverhältnis stehen.

---

[3] BAG 1.12.1976 AP 42 zu § 1 LohnFG
[4] BAG 7.10.1981 AP 45 zu § 1 LohnFG
[5] ArbG Hagen 15.9.1989 NZA 1990, S. 311

3. Arbeitspflicht und Zahlung der Vergütung stehen im Gegenseitigkeitsverhältnis. Gelten deshalb bei einer Verletzung der Arbeitspflicht für den Anspruch des Arbeitnehmers auf Vergütung die §§ 320 ff. BGB?

Grundsätzlich ja. Es gibt aber zahlreiche Ausnahmen wegen des Arbeitnehmerschutzes, z.B. §§ 615, 616 BGB, EFZG, die Lehren vom Betriebsrisiko und vom Wirtschaftsrisiko.

4. Kann ein Arbeitgeber vom Arbeitnehmer verlangen, dass er versäumte Arbeitszeit nachholt?

Grundsätzlich nicht. Wegen des Fixschuldcharakters der Arbeitspflicht ist nicht erbrachte Arbeitsleistung mit Ablauf der Zeit unmöglich geworden, der Anspruch des Arbeitgebers auf Arbeitsleistung des Arbeitnehmers aus § 611 BGB i.V.m. Arbeitsvertrag ist nach § 275 BGB untergegangen. Ausnahmen gelten, wenn dies anders vereinbart ist.

5. Welche Bedeutung hat der Satz „Ohne Arbeit kein Lohn"?

Der Arbeitnehmer, der die Verletzung der Arbeitspflicht zu vertreten hat, verliert nach § 326 Abs. 1 BGB den Anspruch auf die Vergütung. Allerdings gibt es aus Gründen des Arbeitnehmerschutzes zahlreiche Fälle, in denen ein Arbeitnehmer Zahlung der Vergütung erhalten kann, ohne gearbeitet zu haben.

6. Nach welcher Vorschrift behält der Arbeitnehmer seinen Anspruch auf Vergütung, wenn der Arbeitgeber die Nichterfüllung der Arbeitspflicht zu vertreten hat?

Nach § 326 Abs. 2 S. 1, 1. HS. BGB.

7. Welche grundsätzliche Regelung gilt nach dem BGB bei weder vom Schuldner noch vom Gläubiger zu vertretender Unmöglichkeit?

Der Schuldner wird nach § 275 BGB von der Verpflichtung zur Leistung frei, verliert aber nach § 326 Abs. 1 BGB den Anspruch auf die Gegenleistung.

8. Ein Arbeitnehmer erscheint vier Wochen lang nicht zur Arbeit, weil er um seine verstorbene Lebensgefährtin trauert. Vergütungsanspruch?

Ein Anspruch aus § 616 BGB scheidet aus, da ein Zeitraum von vier Wochen nicht mehr verhältnismäßig im Sinn der Vorschrift ist. Der Vergütungsanspruch des Arbeitnehmers aus § 611 i.V.m. dem Arbeitsvertrag geht nach § 326 Abs. 1 BGB unter.

9. Ein Arbeitnehmer kommt wegen eines Staus auf der Autobahn eine Stunde zu spät zur Arbeit. Vergütungsanspruch?

Ein Anspruch aus § 616 BGB scheidet aus, da der Grund für die Verhinderung der Arbeitsleistung hier nicht in der Person des Arbeitnehmers liegt. Das Wegerisiko trägt der Arbeitnehmer. Der Anspruch des Arbeitnehmers auf Vergütung aus § 611 BGB i.V.m. dem Arbeitsvertrag geht nach § 326 Abs. 1 BGB unter.

10. Nennen Sie die Voraussetzungen für eine Entgeltfortzahlung im Krankheitsfall nach dem EFZG.

1. wirksames Arbeitsverhältnis seit mindestens vier Wochen,
2. Arbeitsunfähigkeit infolge Krankheit,
3. kein Verschulden des Arbeitnehmers an der Krankheit

11. Wann bewirkt eine Krankheit Arbeitsunfähigkeit?

Wenn der Arbeitnehmer durch die Krankheit daran gehindert wird, die geschuldete Arbeitsleistung zu erbringen.

12. Welchen Maßstab legt das BAG an den Begriff des Verschuldens in § 3 EFZG?

Verschulden gegen sich selbst; ist gegeben, wenn der Arbeitnehmer gröblich gegen das Verhalten verstößt, das von einem verständigen Menschen im eigenen Interesse zu erwarten ist.

13. Ein Arbeiter ist wegen einer Verletzung, die er bei einem Boxwettkampf im Verein erlitten hat, für zwei Wochen arbeitsunfähig. Kann er vom Arbeitgeber Lohnfortzahlung verlangen?

Ja, falls er nicht untrainiert oder ohne Schutz geboxt hat.

14. Ein Verkäufer kommt nicht zur Arbeit, weil er am Morgen plötzlich hohes Fieber bekommen hat. In den Wirren dieser Erkrankung vergisst er, seinen Arbeitgeber zu informieren. Dieser ruft verärgert an und erklärt, der Verkäufer hätte keinen Anspruch auf Fortzahlung des Gehalts. Zu Recht?

Nein. § 7 EFZG sieht ein Leistungsverweigerungsrecht des Arbeitgebers bei Verletzung der Anzeigepflicht durch den Arbeitnehmer nicht vor. Der Arbeitgeber kann den säumigen Verkäufer aber je nach den Umständen des Falles (hätten Angehörige anrufen können?) abmahnen und im Wiederholungsfall bei einer Pflichtverletzung aus dem Bereich der Einhaltung der Arbeitszeit kündigen.

Annahmeverzug des Arbeitgebers

Der Gläubiger, der die ihm angebotene Leistung nicht annimmt, verhindert den rechtzeitigen Leistungserfolg und kommt nach den **§§ 293 ff. BGB** in Annahmeverzug / Gläubigerverzug.

Bsp.: Ein Kunstsammler vergisst, einen antiken Schrank zum vereinbarten Zeitpunkt beim Kunsthändler abzuholen.

Nach den **Regeln des allgemeinen Schuldrechts** bleibt der Schuldner im Fall des Annahmeverzugs des Gläubigers weiter zur Leistung verpflichtet; den Gläubiger treffen aber die in den §§ 300 bis 304 BGB genannten Nachteile (und noch weitere, z.B. § 326 Abs. 2 S. 2 BGB).

Die **Wertung des allgemeinen Schuldrechts** passt allerdings nicht auf das Arbeitsverhältnis als Dauerschuldverhältnis. Wegen des Fixschuldcharakters der Arbeitsleistung bestimmt **§ 615 BGB** beim Annahmeverzug des Arbeitgebers eine Rechtsfolge, die vom allgemeinen Schuldrecht abweicht:

> Der Arbeitnehmer behält seinen Vergütungsanspruch, ohne zur Nachleistung verpflichtet zu sein. § 615 BGB ist also **Anspruchsgrundlage für den Vergütungsanspruch des Arbeitnehmers für die Zeit, in der der Arbeitgeber im Annahmeverzug ist**

Die **Voraussetzungen für den Annahmeverzug** richten sich nach den §§ 293 ff. BGB.

> 1. **Angebot der Leistung durch den Schuldner (also den Arbeitnehmer), §§ 294 - 296 BGB**
> 2. **Schuldner ist zur Leistung bereit und imstande, § 297 BGB**
> 3. **Gläubiger nimmt die Leistung nicht an, § 293 BGB**

Bei der Prüfung, ob sich ein Arbeitgeber im Annahmeverzug befindet, kommt es vor allem darauf an, das Angebot der Arbeitsleistung durch einen gekündigten Arbeitnehmer sauber zu prüfen. Hier sind die Anforderungen des BAG genau zu beachten!

Grundsätzlich ist ein tatsächliches Angebot des Schuldners erforderlich, **§ 294 BGB**.

Nach **§ 295 BGB** genügt ein wörtliches Angebot, wenn der Gläubiger erklärt hat, er werde die Leistung nicht annehmen oder wenn zur Bewirkung der Leistung eine Handlung des Gläubigers erforderlich ist. Das **BAG** ist der **Ansicht, dass der außerordentlich gekündigte Arbeitnehmer dem Arbeitgeber seine Arbeitsleistung nicht wörtlich anbieten muss**, um ihn in Annahmeverzug zu setzen.

Dogmatisch stützt das BAG diese Auffassung auf **§ 296 BGB** Danach ist ein wörtliches Angebot entbehrlich, wenn für die vom Gläubiger vorzunehmende Handlung eine Zeit nach dem Kalender bestimmt ist und der Gläubiger die Handlung nicht rechtzeitig vornimmt.

Das BAG sieht die **nach dem Kalender bestimmte Mitwirkungshandlung** des Gläubigers (des Arbeitgebers) im Sinn des § 296 BGB darin, **dem Arbeitnehmer einen Arbeitsplatz zur Verfügung zu stellen und ihm die Arbeit zuzuweisen**. Mit einer außerordentlichen Kündigung gibt der Arbeitgeber zu erkennen, dass er dies nicht will.

> Kündigt ein Arbeitgeber einen Arbeitnehmer außerordentlich, so liegt ein Fall des § 296 BGB vor: Der Arbeitnehmer muss seine Arbeitsleistung nicht anbieten und kann den Arbeitgeber dennoch in Annahmeverzug setzen. Daher muss ein Arbeitgeber, der einen Arbeitnehmer außerordentlich gekündigt hat, den Arbeitnehmer wieder zur Arbeit auffordern, wenn er nicht in Annahmeverzug geraten will

Es gibt aber Fälle, in denen der Arbeitgeber **ausnahmsweise nicht in Annahmeverzug** gerät, weil es ihm **nicht zumutbar** ist, den außerordentlich gekündigten Arbeitnehmer weiter zu beschäftigen. Für diese Unzumutbarkeit reicht ein Fehlverhalten, das zu einer außerordentlichen Kündigung berechtigt, jedoch nicht aus. Vielmehr ist ein **besonders grober Vertrauensverstoß** erforderlich. Nach der Rechtsprechung des BAG kann der Arbeitgeber nach § 242 BGB das Angebot des Arbeitnehmers auf Arbeitsleistung ablehnen, wenn ansonsten **absolut geschützte Rechtsgüter** (Leben, Leib, Freiheit, Gesundheit, Ehre, andere Persönlichkeitsrechte oder Eigentum) des Arbeitgebers, seiner Angehöriger oder anderer Betriebsangehöriger gefährdet würden.

Annahmeverzug

I. Voraussetzungen

1. Arbeitsvertrag besteht
2. Annahmeverzug des Arbeitgebers (=Gläubigers) nach §§ 293 ff. BGB
   a) Der Arbeitnehmer bietet seine Arbeitsleistung an.
   Anforderungen an das Angebot des Schuldners:
   BAG: wörtliches Angebot ist wegen § 296 BGB nicht erforderlich.
   Vielmehr gilt: Der Arbeitgeber muss dem Arbeitnehmer einen Arbeitsplatz zur Verfügung stellen und ihm die Arbeit zuweisen. Dies ist eine Handlung, die gemäß § 296 BGB nach dem Kalender bestimmt ist
   b) Der Arbeitnehmer ist zur Arbeit bereit und imstande, § 297 BGB
   c) Der Arbeitgeber nimmt die Arbeitsleistung nicht an

II. Rechtsfolge

Grundsatz: Annahmeverzug des Arbeitgebers

1. Der Arbeitgeber ist zur Zahlung der Vergütung verpflichtet, § 615 S. 1 BGB
2. Ein anderweitiger Verdienst oder ein böswillig unterlassener Erwerb sind anzurechnen, § 615 S. 2 BGB

Ausnahme: Beschäftigung des Arbeitnehmers ist unzumutbar.

Betriebsrisiko

Das Betriebsrisiko betrifft Fälle, in denen die Arbeit ohne Verschulden des Arbeitgebers aus Gründen, die aus der betrieblichen Sphäre herrühren, nicht erbracht werden kann

Bsp.: Maschinenschaden, Stromausfall, schlechtes Wetter, Rohstoffmangel, Fehlorganisation des Betriebsablaufs, Produktionsverbot infolge Smogalarms, behördliches Herstellungsverbot, Naturkatastrophen.

Die Vergütung in Fällen des Betriebsrisikos ist seit der Schuldrechtsreform in § 615 BGB geregelt. Nach § 615 S. 3 BGB gelten in Fällen, in denen der Arbeitgeber das Risiko des Arbeitsausfalls trägt, die Sätze 1 und 2 des § 615 BGB entsprechend. Nach der nun amtlichen Überschrift regelt § 615 BGB die Vergütung bei Annahmeverzug und bei Betriebsrisiko. Nach § 615 S. 3 i.V.m. S. 1 BGB kann der Dienstverpflichtete trotz Nichtleistung die vereinbarte Vergütung verlangen.

Das Betriebsrisiko trägt also der Arbeitgeber. Hinter dieser gesetzlichen Regelung steckt der Gedanke, dass dem Arbeitgeber die wirtschaftliche Initiative und das Entscheidungsrecht in Fragen der Betriebsführung zusteht. Er trägt die Verantwortung, ihm fließt der Unternehmensgewinn zu.

Vergütung bei Betriebsrisiko nach § 615 S. 3 BGB:

I. Voraussetzungen

1. **Arbeitsverhältnis**
2. **Betriebsstörung: Arbeit kann aus Gründen, die aus der betrieblichen Sphäre herrühren, nicht erbracht werden.**
3. **Die Betriebsstörung ist weder vom Arbeitnehmer noch vom Arbeitgeber zu vertreten.**
4. **Der Arbeitnehmer bietet seine Arbeitsleistung an, §§ 294 ff. BGB analog.**
5. **Der Arbeitnehmer ist zur Arbeitsleistung fähig und bereit, § 297 BGB**

II. Rechtsfolgen

1. **Grundsatz: Der Arbeitnehmer behält seinen Vergütungsanspruch.**
2. **Ausnahmen:**
   a) Bei Zahlung der vollen Löhne würde die Existenz des Betriebes gefährdet werden. Die Arbeitnehmer müssen in diesem Fall eine Kürzung oder den Verlust der Vergütung hinnehmen. (Vermutlich wird man diese Rechtsfolge nach neuer Rechtslage aus § 242 BGB (Gefährdung absolut geschützter Rechtsgüter, hier: des Eigentums des Arbeitgebers, s.o. beim Annahmeverzug) herleiten können. (Vor der Schuldrechtsreform war diese Ausnahme Teil der höchstrichterlichen Lehre vom Betriebsrisiko.)
   b) Bei rechtmäßigen Arbeitskämpfen gelten die Grundsätze des Arbeitskampfrisikos

Wirtschaftsrisiko

Im Unterschied zu den Fällen des Betriebsrisikos kann in den Fällen des Wirtschaftsrisikos die Arbeit zwar erbracht werden, sie ist aber wirtschaftlich sinnlos, weil sie sich auf die Rentabilität oder die Existenz des Betriebes negativ auswirkt.

Bsp.: *Auftragsmangel, Absatzmangel, Finanzierungsschwierigkeiten*

Wirtschaftliche Schwierigkeiten entbinden den Arbeitgeber aber nicht von seiner Pflicht zur Zahlung der Vergütung. Niemand wird wegen Geldmangels nach § 275 Abs. 1 BGB von einer Zahlungspflicht frei.

Das Wirtschaftsrisiko trägt der Arbeitgeber

Der Anspruch des Arbeitnehmers auf Vergütung im Fall des Wirtschaftsrisikos folgt aus § 615 BGB analog i.V.m. den Grundsätzen des Wirtschaftsrisikos.

Vergütung bei Wirtschaftsrisiko nach § 615 BGB analog i.V.m. den Grundsätzen über das Wirtschaftsrisiko:

I. Voraussetzungen

1. **Arbeitsverhältnis**
2. **Fall des Wirtschaftsrisikos**: Die Arbeit kann zwar erbracht werden, sie ist aber wirtschaftlich sinnlos.
3. **Das Wirtschaftsrisiko ist weder vom Arbeitnehmer noch vom Arbeitgeber zu vertreten.**
4. **Der Arbeitnehmer bietet seine Arbeitsleistung an**, §§ 294 ff. BGB analog.
5. **Der Arbeitnehmer ist zur Arbeitsleistung fähig und bereit**, § 297 BGB analog

II. Rechtsfolgen

Der Arbeitnehmer behält seinen Vergütungsanspruch

Fall 5: Das abgebrannte Café Plazz

K ist im Café Plazz der Inhaberin I als Köchin angestellt. Eines Nachts brennt das Café ab. Die Brandursache lag darin, dass sich ein Brand im Nachbarhaus auf das Gebäude mit dem Café ausgebreitet hat. K findet zwei Wochen später eine neue Arbeitsstelle und möchte wissen, ob sie für die zwei Wochen von I ihre Vergütung verlangen kann.

Lösungsvorschlag

K könnte gegen I einen Anspruch auf Vergütung aus § 615 S. 3 BGB haben.

Dann müsste ein Fall des Betriebsrisikos vorliegen.

Zunächst müsste eine Betriebsstörung vorliegen. Danach dürfte die Arbeit aus Gründen, die aus der betrieblichen Sphäre herrühren, nicht erbracht werden können. Dies könnte deshalb zweifelhaft sein, weil sich der Brand vom Nachbarhaus her entwickelt hat. Man könnte argumentieren, dass dieser Brand kein Risiko darstellt, das seine Ursache im betrieblichen Bereich hat. Andererseits kann sich ein Arbeitgeber gegen derlei Risiken durch entsprechende Versicherungen absichern und sich durch entsprechende Preiskalkulationen darauf einstellen. Der sich vom Nachbarhaus ausbreitende Brand ist demnach ein Risiko, das vom Arbeitgeber aufgefangen werden kann. Damit liegt eine Betriebsstörung vor.

Weiter müssen die Voraussetzungen des § 615 S. 1 BGB analog vorliegen.

§ 615 S. 1 BGB regelt den Annahmeverzug. Die Voraussetzungen für den Annahmeverzug ergeben sich aus den §§ 293 ff. BGB. K hat ihre Arbeitsleistung i.S.d §§ 294 ff. BGB (genaueres ist dem Sachverhalt nicht zu entnehmen) angeboten und war auch i.S.d § 297 BGB zur Arbeit fähig und bereit. Damit liegen die Voraussetzungen des § 615 S. 1 BGB entsprechend vor.

K behält ihren Anspruch auf Vergütung.

§§§§§§§§§§§

Fall 6: Ledertransporte in der Insolvenz

B arbeitete seit 1.1. in der Lederwarenfabrik der Firma P als technischer Betriebsleiter. Am 20.9. stellte der Inhaber einen Antrag auf Eröffnung des Insolvenzverfahrens. Am 23.9. entfernte B 732 Stück Fertigleder aus dem Betrieb, um diese für sich zu veräußern. Als die Firma P am 10.10. davon erfuhr, kündigte sie dem B außerordentlich mit der Begründung, B habe Fertigleder in einem geschätzten Gesamtwert von 40.000 Euro gestohlen oder unterschlagen. Vor der Kündigung wurde der Betriebsrat nicht angehört. B gab nach anfänglicher Weigerung das Leder an die Firma P heraus.

Im Strafverfahren wurde B von der Anklage wegen Diebstahls rechtskräftig freigesprochen.

B, der von der Firma P nach dem 10.10. nicht mehr weiter beschäftigt wurde, verlangt von der Firma P Arbeitsvergütung in Höhe von 15.000 Euro (die Summe ist in ihrer Höhe unstreitig und auch gerichtlich anerkannt). (Fall nach BAG NZA 1988, S. 465)

Vorüberlegung: Dieser Fall ist ein Beispiel dafür, dass man sich nicht verunsichern lassen sollte, wenn in einem Fall von Begriffen die Rede ist, die man in ihrer rechtlichen Tragweite noch nicht völlig erfasst, wie hier z.b. den des Insolvenzverfahrens. Weiter kommt es in diesem Fall nicht darauf an, die Höhe der verlangten Vergütung (15.000 Euro) zu überprüfen, sondern darauf zu prüfen, aus welchem Rechtsgrund B die Summe fordern kann und die Voraussetzungen der Norm sauber durchzuprüfen.

Lösungsvorschlag

B könnte gegen die Firma P (im Folgenden: P) einen Anspruch auf Zahlung von 15.000 Euro aus § 615 S. 1 BGB haben. Dann müsste die Firma P seit dem 10.10. in Annahmeverzug gewesen sein. Dies richtet sich nach §§ 293 ff. BGB.

Zunächst müsste zwischen B und P ein Arbeitsverhältnis bestanden haben. Seit 1.1. arbeitete B bei P, ein Arbeitsverhältnis bestand. Zu prüfen ist, ob das Arbeitsverhältnis durch die außerordentliche Kündigung vom 10.10. nach § 626 BGB beendet wurde. Darauf, ob ein wichtiger Grund im Sinn des § 626 BGB vorgelegen hat, kommt es aber nicht an. Die außerordentliche Kündigung ist nämlich nach § 102 Abs. 1 S. 3 BetrVG schon deshalb unwirksam, weil der Betriebsrat nicht angehört wurde. Daher wurde das Arbeitsverhältnis nicht durch die außerordentliche Kündigung vom 10.10. beendet.

B müsste P seine Arbeitsleistung angeboten haben. In der Regel muss der Schuldner nach §§ 294 f. BGB die Arbeitsleistung anbieten.

Nach der Rechtsprechung des BAG kommt der Arbeitgeber, der den Arbeitnehmer unberechtigt fristlos kündigt, allerdings auch ohne ein Angebot des Arbeitnehmers nach § 296 S. 1 BGB in Annahmeverzug. Nach § 296 S. 1 BGB ist ein Angebot des Schuldners nämlich dann nicht erforderlich, wenn für die vom Gläubiger vorzunehmende Handlung eine Zeit nach dem Kalender bestimmt ist.

Die nach dem Kalender vorzunehmende Handlung des Arbeitgebers besteht darin, dem Arbeitnehmer einen funktionsfähigen Arbeitsplatz zur Verfügung zu stellen und ihm die Arbeit zuzuweisen. Da ein Arbeitgeber mit einer außerordentlichen Kündigung zu verstehen gibt, dass er die Arbeitsleistung des Arbeitnehmers für die Zukunft ablehnt, muss er den Arbeitnehmer wieder zur Arbeit auffordern, wenn er nicht in Annahmeverzug geraten will. Dies hat P nicht getan. Damit liegt ein Fall des § 296 BGB vor.

Der Annahmeverzug war auch nicht nach § 297 BGB wegen Unmöglichkeit ausgeschlossen, B war nämlich zur Arbeitsleistung bereit und imstande.

P hat die von B angebotene Arbeitsleistung nicht angenommen.

Damit liegen die Voraussetzungen des Annahmeverzugs nach § 615 S. 1 BGB vor.

Zu prüfen ist, ob ausnahmsweise der P die Beschäftigung des B unter keinen Umständen zuzumuten ist. Dies ist nach der Rechtsprechung des BAG dann der Fall, wenn bei Annahme der Leistung absolute Rechtsgüter des Arbeitgebers, seiner Angehörigen oder anderer Arbeitnehmer gefährdet würden, deren Schutz Vorrang vor den Interessen des Arbeitnehmers an der Erhaltung seines Verdienstes hat. B hat treuwidrig Leder im Wert von 40.000 Euro beiseite geschafft. Dies ist eine schwere Pflichtverletzung und eine Erschütterung des Vertrauensverhältnisses, besonders in Anbetracht von Bs Position als Betriebsleiter. Allerdings bestehen keine Anhaltspunkte dafür, dass B sein Verhalten in Zukunft fortsetzen werde. Zudem hat das Verhalten des B auch nicht zur Eröffnung des Insolvenzverfahrens geführt, die Entscheidung fiel am 20.9., während B erst einige Tage später das Leder an sich nahm. Damit ist nicht ersichtlich, dass bei einer Weiterbeschäftigung absolut geschützte Rechtsgüter gefährdet würden. Folglich wäre eine Weiterbeschäftigung des B nicht unzumutbar.

Damit war P ab dem 10.10. in Annahmeverzug. B kann von P 15.000 Euro verlangen.

§§§§§§§§§§§

Wiederholungsfragen

1. Wo ist Annahmeverzug geregelt?

   §§ 293 ff. BGB

2. Welche Rechtsfolgen hat ein Annahmeverzug nach dem allgemeinen Schuldrecht?

   Der Schuldner bleibt weiter zur Leistung verpflichtet (§ 326 Abs. 2 S. 2 BGB, den Gläubiger treffen die in §§ 300 bis 304 BGB genannten Nachteile.

3. Warum gelten im Arbeitsverhältnis die Regeln des allgemeinen Schuldrechts zum Annahmeverzug modifiziert?

   Wegen des Fixschuldcharakters der Arbeitsleistung führt die Verzögerung der Arbeitsleistung stets zur Unmöglichkeit.

4. Was ist die Rechtsfolge des Annahmeverzugs?

   Der Arbeitnehmer behält seinen Vergütungsanspruch, ohne zur Nachleistung verpflichtet zu sein.

5. Wo ist diese Rechtsfolge geregelt?

   § 615 BGB

6. Was sind die Voraussetzungen des Annahmeverzugs nach §§ 293ff BGB?

   1. Arbeitnehmer bietet Leistung an, §§ 294 - 296 BGB
   2. Arbeitnehmer ist zur Leistung bereit und imstande, § 297 BGB
   3. Arbeitgeber nimmt die Leistung nicht an, § 293 BGB

7. Welche Anforderungen stellt das BAG an das Angebot zur Arbeitsleistung nach einer außerordentlichen Kündigung?

   Nach § 296 ist ein Angebot des Arbeitnehmers nicht erforderlich. Vielmehr muss der Arbeitgeber den Arbeitnehmer zur Arbeit auffordern, wenn er nicht in Annahmeverzug geraten will.

8. In welchen Fällen gerät der Arbeitgeber ausnahmsweise nicht in Annahmeverzug?

   Wenn ihm die Beschäftigung des gekündigten Arbeitnehmers nicht zumutbar ist, weil absolut geschützte Rechtsgüter gefährdet würden.

9. Welche Fälle werden vom Betriebsrisiko erfasst?

   Solche, in denen die Arbeit ohne Verschulden des Arbeitgebers aus Gründen, die aus der betrieblichen Sphäre herrühren, nicht erbracht werden kann.

10. Nennen Sie drei Beispiele.

    Maschinenschaden, Rohstoffmangel, Zulieferprobleme.

11. Wer trägt das Betriebsrisiko?

    Der Arbeitgeber. (Ausnahmen: Existenzgefährdung, Arbeitskampfrisiko)

12. Wo ist das geregelt?

    § 615 S. 3 BGB

13. Warum trägt der Arbeitgeber grundsätzlich das Betriebsrisiko?

    Weil er über die Betriebsführung entscheidet, ihm fließt der Gewinn zu.

14. Was besagt die Lehre vom Wirtschaftsrisiko?

    Sie bezieht sich auf Fälle, in denen die Arbeit zwar erbracht werden kann, aber wirtschaftlich sinnlos ist, z.B. wegen Absatzschwierigkeiten. Das Wirtschaftsrisiko trägt der Arbeitgeber.

15. Warum trägt der Arbeitgeber das Wirtschaftsrisiko?

    Weil wirtschaftliche Schwierigkeiten grundsätzlich niemanden von seinen Zahlungsverpflichtungen entbinden.

5. Kapitel

Haftungsrecht

Haftung des Arbeitnehmers bei betrieblich veranlasster Tätigkeit

Verletzt der Arbeitnehmer schuldhaft seine arbeitsvertraglichen Pflichten und fügt er dem Arbeitgeber dadurch einen Schaden zu, so ist er dem Arbeitgeber zum Schadensersatz verpflichtet. Es kommen hier zwei Anspruchsgrundlagen in Betracht:

- § 280 Abs. 1 BGB und
- § 823 BGB

Es ist jedoch anerkannt, dass eine uneingeschränkte Anwendung der zivilrechtlichen Haftungsgrundsätze auf die Haftung des Arbeitnehmers gegenüber seinem Arbeitgeber nicht sachgerecht ist.

Auch ein sorgfältiger Arbeitnehmer kann nämlich Schäden verursachen, die **in keinem angemessenen Verhältnis zu seiner Vergütung** stehen und zur Gefährdung seiner wirtschaftlichen Existenz führen können. Zudem leistet der Arbeitnehmer **fremdbestimmte Arbeit**, er hat keinen Einfluss auf die Organisation des Betriebs und auf Arbeitsmittel. Der Arbeitgeber kann dagegen in der Regel das Schadensrisiko besser einschätzen, entsprechende Versicherungen abschließen und Preise kalkulieren sowie die Gestaltung der Arbeitsbedingungen beherrschen. Hinzu kommt, dass der Arbeitnehmer seit Inkrafttretens des BGB stets wachsenden Haftungsrisiken ausgesetzt ist.

Daher ist anerkannt, dass die Haftung des Arbeitnehmers gegenüber dem Arbeitgeber angemessen begrenzt werden muss. Die Begrenzung der Haftung des Arbeitnehmers wird heute aus einer angemessenen Verteilung des Betriebsrisikos hergeleitet.

Nach der Rechtsprechung bis zu Beginn der 90er Jahre galt die Haftungsbeschränkung nur für sogenannte schadens- oder gefahrgeneigte Arbeit. Nur wenn die Tätigkeit, bei deren Ausübung ein Schaden entstand, typischerweise mit der Gefahr gerade des entstandenen Schadens verbunden war, wurde die Haftung eingeschränkt. Rutschte zum Beispiel ein Schwerlastwagen auf regennasser kurvenreicher Fahrbahn aus, kam es auf weitere Umstände an, etwa eine frische Ölspur. Maßgeblich für Gefahrgeneigtheit war also die konkrete Schadenssituation, nicht die Art der Tätigkeit. Dies machte es schwer vorhersehbar, ob Gefahrgeneigtheit vorlag oder nicht. Das Kriterium der gefahrgeneigten Arbeit stieß zunehmend auf Kritik.

> Inzwischen vertreten das BAG und die ganz herrschende Lehre die Auffassung, dass die Beschränkung der Haftung des Arbeitnehmers bei jeder betrieblich veranlassten Tätigkeit gilt.

📖 Bahn brechend in diesem Zusammenhang war die Entscheidung des Großen Senates des BAG (zum Großen Senat s. § 45 ArbGG, lesen!) vom 27.9.1994 (NJW 1995, S. 210)

Voraussetzungen des § 280 Abs. 1 BGB bei Schadensersatzanspruch wegen Nebenpflichtverletzung

1. Schuldverhältnis, im Arbeitsrecht: Bestehen eines Arbeitsvertrages
2. Der Arbeitnehmer verletzt eine Nebenpflicht.
3. Verschulden, § 276 BGB (Vorsatz, Fahrlässigkeit)
4. Schaden, kausal zur Pflichtverletzung

Zur Beweislast bei Verschulden gilt § 619 a BGB. Der Arbeitgeber muss das Verschulden des Arbeitnehmers beweisen.

Rechtsfolge: Schadensersatz nach §§ 249 ff. BGB, aber: Begrenzung der Haftung nach den Gesichtspunkten der betrieblich veranlassten Tätigkeit

Ein **etwaiges Mitverschulden des Arbeitgebers** ist nach § 254 BGB zu berücksichtigen.

Die Höhe der Haftung des Arbeitnehmers hängt nach folgenden Grundsätzen vom **Grad seines Verschuldens** ab:

Verschuldensgrad	Erklärung	Rechtsfolge für den Arbeitnehmer
Vorsatz	Der Arbeitnehmer sieht die Pflichtverletzung und den Schaden in seiner konkreten Höhe zumindest als möglich voraus und nimmt den Schaden billigend in Kauf.	Unbeschränkte Haftung

Grobe Fahrlässigkeit	Der Arbeitnehmer verletzt die erforderliche Sorgfalt in einem ungewöhnlich hohen Grad und lässt das unbeachtet, was im konkreten Fall jedem hätte einleuchten müssen. *Bsp.: Überfahren einer Ampel, die seit sechs Sekunden rot zeigt; Blick in die Straßenkarte beim Lenken eines Kraftfahrzeugs*	**Grundsätzlich**: unbeschränkte Haftung des Arbeitnehmers. **Ausnahme**: Haftungsbegrenzung, insbesondere wenn der Verdienst des Arbeitnehmers in deutlichem Missverhältnis zum Schadensrisiko steht, vor allem beim Umgang mit teuren Maschinen. In der Rechtsprechung des BAG lag die Verpflichtung zum Schadensersatz für einen nicht versicherten Arbeitnehmer bisher nicht höher als bei einem Jahreseinkommen. Die Haftungsbegrenzung gilt nicht bei „gröbster" Fahrlässigkeit – eine Kategorie, die das BAG 1997[6] eingeführt hat: Gröbste Fahrlässigkeit liegt vor bei mehrfacher und subjektiv unentschuldbaren Verletzung von Sicherheitsvorschriften, die tödlichen Gefahren entgegenwirken sollen. Bei gröbster Fahrlässigkeit haftet der

Mittlere Fahrlässigkeit	Der Arbeitnehmer hat die im Verkehr erforderliche Sorgfalt nicht beachtet, der Schaden wäre bei Anwendung der gebotenen Sorgfalt voraussehbar und vermeidbar gewesen.
	Der Maßstab für die erforderliche Sorgfalt richtet sich nach dem jeweiligen Verkehrskreis.
		Der Schaden wird zwischen Arbeitnehmer und Arbeitgeber geteilt. Maßgeblich für die Quote ist eine Abwägung der Gesamtumstände von Schadensanlass und Schadensfolgen nach Billigkeitsgrundsätzen und Zumutbarkeitsgesichtspunkten.
		
		Für die Quote können folgende Punkte eine Rolle spielen:
		● Blick auf den Arbeitgeber:
		  - Konnte er das Schadensrisiko einkalkulieren?
		  - Konnte er das Risiko durch Versicherungen decken?

---

[6] BAG 25.9.1997 NZA 1998, S. 310

		• Blick auf den Arbeitnehmer: - Ausbildung - Berufserfahrung - Stellung im Betrieb - bisheriger Verlauf des Arbeitsverhältnisses - Höhe der Vergütung (Risikozuschlag?) - Lebensalter • Blick auf das Schadensereignis: - Gefahrgeneigte Arbeit? (Damit bleibt diese Kategorie aus der alten Rechtsprechung noch bedeutsam)
Leichteste Fahrlässigkeit	Eine Pflichtverletzung, die jedem passieren kann, ein kleineres Versehen, zum Beispiel das einfache „Sich-Vergreifen", „Sich-Versprechen" oder „Sich-Vertun"	Keine Haftung

Die Begrenzung der Haftung des Arbeitnehmers bei betrieblich veranlasster Tätigkeit wird auch als **innerbetrieblicher Schadensausgleich** bezeichnet.

> Die Haftungsbegrenzung gilt nicht nur nach § 280 BGB, sondern auch bei einem Anspruch des Arbeitgebers gegen den Arbeitnehmer aus §§ 823 ff. BGB

Haftung des Arbeitnehmers gegenüber Dritten

Durch die Grundsätze der Haftungsbegrenzung bei betriebsbezogener Tätigkeit wird der Arbeitnehmer nur vor Ansprüchen seines Arbeitgebers geschützt. Der Arbeitnehmer ist aber auch in seiner Haftung Dritten gegenüber schutzbedürftig.

Bsp.: Ein Kranführer beschädigt fahrlässig den parkenden PKW eines Anwohners.

Daher gilt: Fügt der Arbeitnehmer einem Dritten, der nicht Arbeitgeber oder Arbeitskollege ist, einen Schaden zu, hat der Arbeitnehmer in der Höhe, in der ihm nach den Grundsätzen der Haftung nach Verschuldensgrad bei Schädigung des Arbeitgebers eine Haftungsminderung zuerkannt würde, gegen den Arbeitgeber einen **Freistellungsanspruch**.

Haftung des Arbeitnehmers gegenüber Arbeitskollegen

Hier ist zu unterscheiden:

- bei **Personenschäden** greift die gesetzliche Unfallversicherung (SGB VII) ein. Es sind die **§§ 105 ff. SGB VII** zu beachten (im Schönfelder abgedruckt unter § 618 BGB). Die gesetzliche Unfallversicherung wird durch Beiträge der Arbeitgeber finanziert und tritt ein bei Schäden aufgrund von Arbeitsunfällen, Wegeunfällen und Berufskrankheiten.

  Wenn ein Arbeitnehmer allerdings einen Arbeitsunfall in Ausübung einer betrieblichen Tätigkeit vorsätzlich herbeigeführt hat oder wenn der Arbeitsunfall bei der Teilnahme am allgemeinen Verkehr (d.h. dann, wenn der Arbeitnehmer den tätigkeitsbezogenen Gefahrenbereich verlassen hat) entstanden ist, tritt die Unfallversicherung nicht ein und der Arbeitnehmer haftet nach § 105 SGB VII selbst.

- Bei **Sachschäden** gelten die allgemeinen Grundsätze des BGB. Wie bei der Haftung des Arbeitnehmers gegenüber einem Dritten hat der Arbeitnehmer gegen den Arbeitgeber je nach dem Grad seines Verschuldens einen Freistellungsanspruch.

  Bsp.: Beim Unfall eines LKW-Fahrers wird sein Kollege und Beifahrer verletzt und die Brille des Beifahrers zerbricht.

Fall 7: Flugwartung mit Weizenbier (nach BAG NZA 1998, S. 140)

A war als Arbeiter für die Wartungsabteilung auf dem Flughafen in München tätig. Nach dem Arbeitsvertrag durfte A während eines angemessenen Zeitraums vor Arbeitsantritt keinen Alkohol trinken. A verdiente 1.250 Euro netto. Am 22.1.1994 trat A um 5 Uhr 10 seine Frühschicht an. In der Nacht zuvor hatte er einige Weizenbiere getrunken. A sollte mit einem 30 t schweren Enteiserfahrzeug auf dem Flughafengelände fahren. Auf dieser Fahrt schlief A kurz ein. Dabei kam das Fahrzeug von der Fahrbahn ab, streifte einen Lichtmast und durchbrach einen Begrenzungszaun des Flughafens. Bei A wurde eine Blutalkoholkonzentration von 1,41 Promille festgestellt. Wegen dieses Unfalls wurde das Arbeitsverhältnis durch Aufhebungsvertrag beendet. Die Flughafen AG verlangt von A Schadensersatz in Höhe von 75.000 Euro. Zu Recht?

Lösungsvorschlag

1. Die Flughafen AG könnte gegen A einen Anspruch auf 75.000 Euro aus § 280 Abs. 1 BGB haben.

Zwischen der Flughafen AG und A bestand ein Arbeitsvertrag, also ein Schuldverhältnis.

Indem A am Morgen des 22.1.1994 seinen Dienst übermüdet und im alkoholisierten Zustand angetreten, trotz absoluter Fahruntüchtigkeit das Enteiserfahrzeug gefahren und infolge seiner Trunkenheit und Übermüdung einen Unfall verursacht hat, hat er eine Pflicht aus dem Arbeitsvertrag, nämlich die, Rechtsgüter des Arbeitgebers nicht zu beschädigen, verletzt.

Die Pflichtverletzung des A führte zu einem Schaden bei der Flughafen AG in Höhe von 75.000 Euro.

Weiter müsste ein Verschulden des A gegeben sein. Nach § 276 S. 1 BGB hat der Schuldner Vorsatz und Fahrlässigkeit zu vertreten. In der Nacht vor seiner Frühschicht hat A einige Weizenbiere getrunken, die zu einem Blutalkoholwert von 1,41 Promille noch zur Zeit des Arbeitsantritts geführt haben. A hat damit gegen seine arbeitsvertragliche Verpflichtung, eine angemessene Zeit vor Arbeitsantritt keinen Alkohol zu trinken, verstoßen, und zwar in einer Weise, die besonders unverantwortlich war. A hat außer acht gelassen, was jedem in seiner Situation einleuchten müsste. Damit hat A grob fahrlässig gehandelt.

Die Voraussetzungen des § 280 Abs. 1 BGB liegen damit vor.

Rechtsfolge des § 280 Abs. 1 BGB ist grundsätzlich Schadensersatz nach §§ 249 ff. BGB.

Fraglich ist, ob der Flughafen AG ein mitwirkendes Verschulden nach § 254 Abs. 1 BGB zuzurechnen ist. Möglicherweise hätte die Flughafen AG durch regelmäßige Alkoholkontrollen vor Arbeitsbeginn den Unfall des A verhindern können. Allerdings kann ein Arbeitnehmer wegen des in Art. 2 Abs. 2 GG verfassungsmäßig garantierten Grundrechts auf körperliche Integrität vom Arbeitgeber weder zur Untersuchung seines Blutalkoholwertes noch zur Mitwirkung an einer Atemalkoholanalyse gezwungen werden. Mitwirkendes Verschulden der Flughafen AG scheidet damit aus.

Eine Begrenzung der Haftung des A könnte aus den Grundsätzen der betrieblich veranlassten Tätigkeit hergeleitet werden. Diese Grundsätze werden aus einer angemessenen Verteilung des Betriebsrisikos hergeleitet und vom BAG und der herrschenden Lehre vertreten. Danach hängt die Haftung des Arbeitnehmers vom Grad seines Verschuldens ab.

Bei grober Fahrlässigkeit haftet der Arbeitnehmer grundsätzlich unbegrenzt. Eine Schadensbegrenzung kommt nur im Einzelfall in Betracht, wenn der Verdienst des Arbeitnehmers in besonders deutlichem Missverhältnis zum Schadensrisiko steht. A hat als Arbeiter mit einem Einkommen von 1.250 Euro netto eine sehr teuren Maschine, ein Enteiserfahrzeug, zu bedienen. Ein Missverhältnis liegt daher vor.

Andererseits war das Verhalten des A auch in besonders ausgeprägter Weise grob fahrlässig. Besondere Anstrengungen des A, den Schaden wieder gutzumachen, sind daher durchaus angemessen. Andererseits soll A in Anbetracht seiner Einkommensmöglichkeiten nicht auf Dauer in seiner wirtschaftlichen Existenz gefährdet werden. Angemessen, aber auch zumutbar ist ein Betrag von 10.000 Euro.

(Das LAG nannte die Summe von 20.000 DM und merkte dazu an, A müsse bis zu fünf Jahren Abzahlungen leisten, um diesen Betrag einschließlich der Zinsen abzuzahlen. Dem folgte auch das BAG.)

Ergebnis: Die Flughafen AG kann von A aus § 280 Abs. 1 BGB 10.000 Euro verlangen.

2. Ein Anspruch der Flughafen AG gegen A auf Zahlung von 75.000 Euro könnte aus § 823 BGB gegeben sein. Wie unter 1. ausgeführt, hat A grob fahrlässig den Begrenzungszaun und das Enteiserfahrzeug, Eigentum der Flughafen AG, verletzt. Rechtsfolge ist Schadensersatz nach §§ 249 ff. BGB.

Die unter 1. dargelegten Grundsätze über innerbetrieblichen Schadensausgleich gelten allerdings nicht nur für schuldrechtlich, sondern auch für deliktische Ansprüche. Daher reicht der Anspruch der Flughafen AG gegen A aus § 823 BGB nicht weiter als der aus § 280 Abs. 1 BGB.

Ergebnis: Die Flughafen AG kann von A nur 10.000 Euro verlangen.

§§§§§§§§§§§§

Wiederholungsfragen zum 5. Kapitel

1. Welche Anspruchsgrundlagen kommen in Betracht, wenn der Arbeitnehmer dem Arbeitgeber durch schuldhafte Verletzung seiner arbeitsvertraglichen Pflichten einen Schaden zufügt?

   § 280 BGB und § 823 BGB

2. Welche Überlegungen haben zu einer Begrenzung der Haftung des Arbeitnehmers gegenüber dem Arbeitgeber geführt?

   Eine sachgerechte Verteilung des Betriebsrisikos. Auch ein sorgfältiger Arbeitnehmer kann Fehler verursachen, die ihn in den wirtschaftlichen Ruin führen können. Der Arbeitnehmer leistet fremdbestimmte Arbeit, der Arbeitgeber kann das Schadensrisiko einschätzen und beherrschen.

3. Für welche Tätigkeiten des Arbeitnehmers gilt die Haftungsbeschränkung?

   Für jede betrieblich veranlasste Tätigkeit.

4. An welcher Stelle ist die Haftungsbeschränkung in der Fallbearbeitung zu prüfen?

   Bei der Rechtsfolge.

5. Wovon hängt die Höhe der Haftung des Arbeitnehmers allgemein ab?

   Vom Grad seines Verschuldens.

6. Erläutern Sie die Grundsätze der Arbeitnehmerhaftung nach den Graden des Verschuldens.

Es wird unterschieden zwischen Vorsatz (Folge: volle Haftung), grober Fahrlässigkeit (Folge: Grundsatz: volle Haftung, Ausnahme: Haftungsbegrenzung bei Missverhältnis zwischen Schadensrisiko und Verdienst), mittlerer (Folge: Schaden wird nach Umständen des Einzelfalls geteilt) und leichtester Fahrlässigkeit (Arbeitnehmer haftet nicht).

7. Erklären Sie den Begriff grobe Fahrlässigkeit.

Jemand vernachlässigt in besonderem Maß die erforderliche Sorgfalt, er beachtet nicht, was im konkreten Fall jedem einleuchten müsste.

8. Was ist der innerbetriebliche Schadensausgleich?

Die Begrenzung der Haftung des Arbeitnehmers bei betrieblich veranlasster Tätigkeit.

9. Beschränkt sich die Haftungsbegrenzung auf Ansprüche aus Vertrag?

Nein, sie gilt auch für deliktische Ansprüche.

10. Wird der Arbeitnehmer auch in seiner Haftung Dritten (nicht Arbeitgeber und nicht Arbeitskollegen) gegenüber geschützt?

Ja, er hat gegen den Arbeitgeber einen Freistellungsanspruch in der Höhe, nach der ihm bei Schädigung des Arbeitgebers eine Haftungsminderung zustehen würde.

11. Was gilt bei der Haftung eines Arbeitnehmers gegenüber seinen Arbeitskollegen?

Bei Personenschäden haftet die gesetzliche Unfallversicherung (SGB VII). Der Arbeitnehmer haftet ausnahmsweise selbst bei Vorsatz und wenn der Unfall bei Teilnahme am allgemeinen Verkehr entstanden ist.

Bei Sachschäden gelten wie bei der Haftung gegenüber außenstehenden Dritten die allgemeinen Grundsätze des BGB, der Arbeitnehmer hat aber gegen den Arbeitgeber einen Freistellungsanspruch.

6. Kapitel
Übergang des Arbeitsverhältnisses nach § 613 a BGB

Nach § 613 S. 2 BGB ist der Anspruch auf die Dienste des Arbeitnehmers im Zweifel nicht übertragbar. Ein Arbeitgeber kann deshalb seinen Arbeitnehmer nicht einfach an einen anderen Arbeitgeber abgeben. Wegen des höchstpersönlichen Charakters des Arbeitsverhältnisses müsste daher der Wechsel des Betriebsinhabers das Arbeitsverhältnis beenden, es sei denn, Veräußerer, Erwerber und Arbeitnehmer vereinbarten in einem dreiseitigen Vertrag einen Übergang des Arbeitsverhältnisses. Zum Schutz des Arbeitnehmers sieht § 613 a BGB vor, dass bei einem Betriebsübergang durch Rechtsgeschäft der neue Inhaber durch Einzelrechtsnachfolge in die Rechte und Pflichten der bei Betriebsübergang bestehenden Arbeitsverhältnisse eintritt.

§ 613 a BGB trat 1972 in Kraft und wurde 1980 aufgrund der EG-Richtlinie 77/187/ EWG nachgebessert. Die Norm ist deshalb auch nach der EG-Richtlinie auszulegen. Hierzu sind einige Entscheidungen des EuGH ergangen.

§ 613 a BGB verfolgt drei Zwecke:

- den Bestand der Arbeitsverhältnisse schützen,

- die Mitwirkungsrechte des Betriebsrates sichern und

- die Haftungsverteilung zwischen altem und neuem Arbeitgeber zu regeln.

Zentrale Bedeutung hat § 613 a Abs. 1 S. 1 BGB.

Voraussetzungen des § 613 a

1. Übergang eines Betriebes oder Betriebsteils
2. durch Rechtsgeschäft
3. kein Widerspruch des Arbeitnehmers

Rechtsfolgen

1. **Eintritt des neuen Betriebsinhabers in die bestehenden Arbeitsverhältnisse, § 613 a Abs. 1 S. 1 BGB**
2. **Gesamtschuldnerische Haftung, § 613 a Abs. 2 BGB**
3. **Fortgeltung kollektivvertraglicher Regelungen, § 613 a Abs. 1 S. 2 bis 4 BGB**
4. **Kündigungsverbot, § 613 a Abs. 4 BGB**

Genauer zu den einzelnen Voraussetzungen:

Zu 1) Übergang eines Betriebes oder eines Betriebsteils

Ein **Betrieb** ist die organisatorische Einheit, innerhalb derer der Inhaber mit Hilfe von sachlichen und immateriellen Mitteln bestimmte arbeitstechnische Zwecke unmittelbar fortgesetzt verfolgt.

Ein **Betriebsteil** ist eine organisatorische Einheit eines Betriebes, mit der bestimmte arbeitstechnische (Teil-) Zwecke selbstständig verfolgt werden können.
> *Bsp.: Vertrieb und Kundendienst eines Dampfkesselherstellers. Ausreichend für einen Betriebsübergang kann auch die Veräußerung eines einzelnen Betriebsteils sein, wenn die einzelne Maschine das wesentliche Substrat eines Betriebsteils ausmacht, z.b. bei der Veräußerung des einzigen Autokrans bei einer Firma, die sich mit Autokranverleih beschäftigt.*

Der **Übergang** setzt voraus, dass der Übernehmer in der Lage ist, den ursprünglich verfolgten Zweck oder Teilzweck unter Verwendung der Betriebsmittel im Wesentlichen unverändert fortzusetzen.
> Welche Betriebsmittel dabei im Vordergrund stehen, hängt von der Art des Betriebes ab: Bei Produktionsbetrieben geht es sowohl um die sächlichen Mittel wie Maschinen und Werkshallen als auch um immaterielle Mittel wie Verfahrenstechniken.

Nicht ausreichend für einen Betriebsübergang ist die Veräußerung einzelner Betriebsmittel, z.B. die bloße Übernahme von Räumlichkeiten.
> *Bsp.: Übernahme eines Ladengeschäftes bei verändertem Warensortiment*

Zu 2) durch Rechtsgeschäft

Gemeint ist das schuldrechtliche Rechtsgeschäft, nicht die dingliche Übertragung. Der Begriff des Rechtsgeschäftes ist weit auszulegen, da er nur der Abgrenzung zur Gesamtrechtsnachfolge durch Erbschaft dient. Meist geht es um den Verkauf oder die Verpachtung eines Betriebes oder Betriebsteils.

Zu 3) Kein Widerspruch des Arbeitnehmers (s. § 613 a Abs. 6 BGB)

Der Eintritt des Erwerbers in die bestehenden Arbeitsverhältnisse setzt nicht die Zustimmung des betroffenen Arbeitnehmers voraus. Der EuGH hat aber anerkannt, dass der Arbeitnehmer dem Übergang seines Arbeitsverhältnisses widersprechen kann. Der Widerspruch verhindert den Übergang des Arbeitsverhältnisses auf den Erwerber. Das Arbeitsverhältnis besteht dann mit dem alten Arbeitgeber fort. Kündigt dieser den Arbeitnehmer (im Regelfall dann durch ordentliche betriebsbedingte Kündigung), so gilt das Kündigungsverbot des § 613 a Abs. 4 S. 1 BGB für diese Kündigung nicht.

Zu den Rechtsfolgen im Einzelnen

① Eintritt in bestehende Arbeitsverhältnisse, § 613 a Abs. 1 S. 1 BGB

Der Erwerber tritt in die Rechte und Pflichten aus den Arbeitsverhältnissen ein, die im Zeitpunkt des Übergangs bestehen. In nachvertragliche Rechtsverhältnisse wie Ruhestandsvereinbarungen tritt der neue Arbeitgeber dagegen nicht ein.

② Gesamtschuldnerische Haftung, § 613 a Abs. 2 BGB

Der bisherige Arbeitgeber haftet neben dem neuen Arbeitgeber für Verpflichtungen aus dem Arbeitsverhältnis, soweit sie vor dem Zeitpunkt des Übergangs entstanden sind und vor Ablauf von einem Jahr nach diesem Zeitpunkt fällig werden.

③ Fortgeltung kollektivvertraglicher Regelungen, § 613 a Abs. 1 S. 2 bis 4 BGB

Die Rechtsnormen eines Tarifvertrags oder einer Betriebsvereinbarung werden Inhalt des Arbeitsverhältnisses zwischen dem Arbeitnehmer und dem neuen Inhaber. Damit gelten bisherige Kollektivnormen durch den einzelnen Arbeitsvertrag weiter.

④ Kündigungsverbot, § 613 a Abs. 4 S. 1 BGB

Der Sinn der Regelung besteht darin, zu verhindern, dass die Rechtsfolge des § 613 a Abs. 1 S. 1 BGB, nämlich der Übergang der Arbeitsverhältnisse, umgangen wird.

Bsp. für Fälle, in denen der Betriebsübergang Kündigungsgrund ist: Der bisherige Inhaber reduziert seine Belegschaft, um für den beabsichtigten Betriebsübergang einen höheren Erlös zu erzielen. - Der Erwerber kündigt einen Arbeitnehmer, der für ihn wegen seines hohen Gehaltes unwirtschaftlich ist.

Nach Ansicht des BAG bedeutet die Regelung, dass nur der Betriebsübergang selbst kein Kündigungsgrund sein darf. Eine Kündigung ist demnach unwirksam, wenn ihr Beweggrund wesentlich durch den Wechsel des Betriebsinhabers bedingt war.

Trotz Betriebsübergangs zulässige Kündigungen

Eine Kündigung **aus anderen Gründen als einem Betriebsübergang** ist nach § 613 a Abs. 4 S. 2 BGB zulässig. Dazu gehört eine außerordentliche Kündigung

Bsp.: Ein Arbeitnehmer verprügelt aus Wut seinen Vorgesetzten

und eine Kündigung aus dringenden betrieblichen Erfordernissen im Sinn des § 1 Abs. 2 S. 1 KSchG (s. zur ordentlichen Kündigung im 7. Kapitel).

Bsp.: Der Betrieb bedarf der Rationalisierung und der Erwerber kann nur einen Teil der Belegschaft beschäftigen.

Fall 8: Konservennahrung ohne A?

Die X-AG ist ein Unternehmen der Nahrungsmittelindustrie. Sie hat einen Betrieb, der aus zwei Betriebsteilen besteht, in dem einen werden Tütensuppen, in dem anderen wird Konservennahrung produziert. Als für die X-AG Absatzschwierigkeiten auf dem Konservensektor spürbar werden, beschließt sie, diesen Betriebsteil zu veräußern. Nach längerer Suche meldet die Y-GmbH ihr Interesse an. Die Y-GmbH plant, den Konservenmarkt durch raffinierte Gourmetrezepte zu bereichern. Den Arbeitnehmer A, der seit elf Jahren bei der X-AG tätig ist, will die Y-GmbH aber wegen seines hohen Gehaltes nicht übernehmen. Darauf kündigt die X-AG das Arbeitsverhältnis mit A mit einem Schreiben, das A am 29.1. zugeht, zum 31.5.; dem A erklärt sie, dieser Schritt sei erforderlich, um die Arbeitsplätze für die übrigen Arbeitnehmer nach dem Verkauf des Konservenbetriebsteils zu sichern. Der Betriebsrat hat sich zu der Kündigung acht Tage lang nicht geäußert. Am 5.2. kommt A zu Ihnen und fragt Sie, ob ein gerichtliches Vorgehen gegen die Kündigung Aussicht auf Erfolg hätte.

Lösungsvorschlag

Eine Kündigungsschutzklage hat Erfolg, wenn sie zulässig und begründet ist.

I. Zulässigkeit

1. Der Rechtsweg zu den Arbeitsgerichten ist gegeben, § 2 Abs. 1 Nr. 3 b) ArbGG.

2. Eine Kündigungsschutzklage ist eine Feststellungsklage (Antrag auf Feststellung, dass das Arbeitsverhältnis durch die Kündigung vom 29.1. nicht aufgelöst wurde, sondern fortbesteht.). Das nach §§ 46 Abs. 2 ArbGG, 256 ZPO erforderliche Feststellungsinteresse liegt vor.

Damit ist die Klage zulässig.

II. Begründetheit

Die Klage ist begründet, wenn das Arbeitsverhältnis weiter besteht.

Zunächst ist zu prüfen, ob die Dreiwochenfrist des § 4 KSchG eingehalten werden kann. Der Zugang der Kündigung erfolgte 29.1., A erbat bereits am 5.2. rechtlichen Rat, eine Einhaltung der Dreiwochenfrist ist damit möglich.

Zu prüfen ist, ob das Arbeitsverhältnis durch die Kündigung vom 29.1. beendet worden ist. Die Kündigung wurde zu einem Monatsende und mit einer Frist erklärt. Es handelt sich also begrifflich um eine ordentliche Kündigung.

Die gesetzliche Kündigungsfrist, die bei einem Arbeitsverhältnis von elf Jahren nach § 622 Abs. 2 Nr. 4 BGB 4 Monate zum Ende eines Kalendermonats beträgt, wurde eingehalten, da die Kündigung zum 31.5. ausgesprochen wurde.

Auch die nach § 102 BetrVG erforderliche Anhörung des Betriebsrats liegt vor. Hierfür reicht es nach § 102 Abs. 2 S. 2 BetrVG aus, dass sich der Betriebsrat innerhalb einer Frist von einer Woche nicht geäußert hat.

Möglicherweise ist die Kündigung nach § 613 a Abs. 4 BGB unwirksam. Eine Kündigung des Arbeitsverhältnisses durch den bisherigen Arbeitgeber liegt vor. Fraglich ist, ob diese Kündigung wegen des Übergangs eines Betriebsteils durch Rechtsgeschäft nach § 613 a Abs. 1 S. 1 BGB erfolgte. Durch den Kaufvertrag wird die Y-GmbH in die Lage versetzt, den Betriebsteil Konservenherstellung im Wesentlichen unverändert fortzuführen. Ein Betriebsübergang liegt daher vor. Zu prüfen ist, ob die Kündigung des A wegen dieses Betriebsübergangs erfolgte. Hierbei kommt es nicht auf die Gründe an, die die X-AG dem A mitteilte, sondern auf die tatsächlichen Gründe. Die X-AG kündigte das Arbeitsverhältnis mit A, weil sie dem künftigen Inhaber, der A wegen dessen hohen Personalkosten nicht weiterbeschäftigen wollte, entgegenkommen wollte. Damit war der Beweggrund im Wechsel des Betriebsinhabers bedingt. Folglich liegen die Voraussetzungen des § 613 a Abs. 4 BGB vor. Die Kündigung ist unwirksam.

Damit besteht das Arbeitsverhältnis zwischen A und der X-GmbH weiter fort.

Ergebnis: Die Klage hat Erfolg.

§§§§§§§§§§§

Wiederholungsfragen zum 6. Kapitel

1. Welchen drei Zwecken dient § 613 a BGB?

   a) Den Bestand der Arbeitsverhältnisse schützen
   b) Mitwirkungsrechte des Betriebsrats sichern
   c) Haftungsverteilung zwischen altem neuen Arbeitgeber regeln.

2. Nennen Sie die Voraussetzungen für einen Betriebsübergang nach § 613 a BGB.

   a) Übergang eines Betriebes oder Betriebsteils
   b) durch Rechtsgeschäft
   c) kein Widerspruch des Arbeitnehmers

3. Was ist ein Betriebsteil?

   Organisatorische Einheit eines Betriebes, mit der bestimmte arbeitstechnische Zwecke oder Teilzwecke selbständig verfolgt werden können.

4. Wann ist ein Betrieb oder Betriebsteil übergegangen?

   Wenn der Übernehmer in der Lage ist, den ursprünglich verfolgten Zweck oder Teilzweck unter Verwendung der Betriebsmittel im Wesentlichen unverändert fortzusetzen.

5. Welches Rechtsgeschäft ist in § 613 a BGB gemeint? Wozu dient der Begriff?

   Das schuldrechtliche. Das Merkmal „durch Rechtsgeschäft" dient der Abgrenzung zur Gesamtrechtsnachfolge durch Erbschaft.

6. Welche Kündigungen sind nach § 613 a Abs. 4 BGB unwirksam, welche sind wirksam?

   Unwirksam: Kündigungen, deren Beweggrund im Betriebsübergang selbst liegt.

   Wirksam: Kündigungen aus anderen Gründen, z.B. aus dringenden betrieblichen Erfordernissen im Sinn des § 1 Abs. 2 S. 1 KSchG.

7. Kapitel
Beendigung des Arbeitsverhältnisses

Möglichkeiten zur Beendigung eines Arbeitsverhältnisses

Folgende Möglichkeiten kommen zur Beendigung eines Arbeitsverhältnisses in Betracht:

☑ **Kündigung**: Man unterscheidet zwei Arten von Kündigungen:

1. **Ordentliche Kündigung**: Sie wird nach Ablauf einer bestimmten Frist, der Kündigungsfrist, wirksam.

2. **Außerordentliche Kündigung**: Sie beendet das Arbeitsverhältnis in der Regel sofort und ist nur bei wichtigem Grund nach § 626 BGB zulässig.

3. **Sonderfälle von Kündigungen** sind: Änderungskündigung, Verdachtskündigung, Druckkündigung

☑ Anfechtung des Arbeitsvertrages nach §§ 119 ff. BGB (s. im 2. Kapitel)

☑ Lossagung vom faktischen Arbeitsverhältnis (s. im 2. Kapitel)

☑ Aufhebungsvertrag: Der Grundsatz der Vertragsfreiheit ermöglicht es, das Arbeitsverhältnis durch Vertrag aufzulösen.

☑ Fristablauf beim befristeten Arbeitsverhältnis, § 620 Abs. 1 BGB

☑ Tod des Arbeitnehmers

☑ Lösende Aussperrung (s. im 10. Kapitel)

☑ Auflösung des Arbeitsverhältnisses gegen Zahlung einer Abfindung nach §§ 9, 10 KSchG durch Urteil des Arbeitsgerichts

Keine Beendigungsgründe sind:

- Grundsätzlich der Tod des Arbeitgebers. Ausnahmen können sich allerdings aus der Art und Ausgestaltung des Arbeitsverhältnisses ergeben. Arbeitsverhältnisse, die beim Tod des Arbeitgebers endet, sind die von privaten Pflegern und von Privatsekretären.
- Rechtsgeschäftlicher Betriebsübergang nach § 613 a BGB
- Betriebsstilllegung: Je nach Sachlage kann der Arbeitgeber aber zu einer ordentlichen oder außerordentlichen Kündigung berechtigt sein.
- Insolvenz: Besondere Kündigungsrechte sind in Insolvenzordnung geregelt.

Die ordentliche Kündigung

Die ordentliche Kündigung ermöglicht dem Arbeitnehmer oder Arbeitgeber, ein auf unbestimmte Dauer eingegangenes Arbeitsverhältnis einseitig zu beenden. Sie wird erst nach Ablauf einer bestimmten Frist wirksam.

Zwar können sowohl der Arbeitgeber als auch der Arbeitnehmer kündigen. Die Kündigung durch den Arbeitgeber ist jedoch an strengere Voraussetzungen als die Kündigung durch den Arbeitnehmer geknüpft, um den Arbeitnehmer vor einem Verlust seiner wirtschaftlichen Existenzgrundlage zu schützen.

Voraussetzungen einer ordentlichen Kündigung durch den Arbeitgeber

1. Kündigungserklärung, Form, Begründungspflicht, Zugang
2. Begrifflich muss eine ordentliche Kündigung vorliegen.
3. Kein Verstoß gegen allgemeine Vorschriften
   a) § 134 BGB i.V.m. einem gesetzlichen Verbot.
      Gesetzliche Verbote sind § 9 MuSchG, § 18 BErzGG, § 85 SGB IX, § 11 TzBfG, § 15 KSchG, § 612 a BGB.
   b) § 613 a Abs. 4 BGB
   c) § 242 BGB
   d) § 138 BGB
4. Anhörung des Betriebsrats nach § 102 Abs. 1 BetrVG
5. Kündigungsfrist, § 622 BGB
6. Kündigungsschutz nach dem KSchG
7. Erhebung der Kündigungsschutzklage innerhalb der Dreiwochenfrist der §§ 4, 7 KSchG

Zu den einzelnen Voraussetzungen:

zu 1) Kündigungserklärung

Erklärung

Eine Kündigung ist eine einseitige empfangsbedürftige Willenserklärung mit dem Ziel, das Arbeitsverhältnis mit Wirkung für die Zukunft zu beenden.

Die Wirksamkeit der Kündigungserklärung richtet sich nach den §§ 104 ff. BGB (z.B. für Geschäftsfähigkeit und Vertretungsmacht). Klausurrelevant ist die Möglichkeit einer Zurückweisung der Kündigung wegen fehlender Vorlage der Vollmacht nach **§ 174 BGB**.

Form

Nach § 623 BGB bedarf eine Kündigung der Schriftform. Wird die Schriftform nicht eingehalten, ist die Kündigung nach § 125 S. 2 BGB unwirksam.

Begründungspflicht

Grundsätzlich muss eine Kündigung nicht begründet werden.

Für die ordentliche Kündigung durch den Arbeitgeber gibt es aber zwei Ausnahmen:

- Die Kündigung einer **schwangeren Frau** muss den zulässigen Kündigungsgrund angeben (§ 9 Abs. 3 S. 2 MuSchG). Ohne Angabe des Kündigungsgrundes ist die Kündigung bereits aus diesem Grund unwirksam.

- Genießt der Arbeitnehmer Kündigungsschutz nach dem Kündigungsschutzgesetz und wird er aus **betriebsbedingten Gründen** gekündigt, kann er nach § 1 Abs. 3 S. 1, 2. Halbsatz KSchG vom Arbeitgeber verlangen, die Gründe anzugeben, die zu der getroffenen sozialen Auswahl geführt haben. Diese Gründe muss der Arbeitgeber jedoch nicht bereits in seinem Kündigungsschreiben angeben. Der Hintergrund dieser Regelung besteht darin, dass der Arbeitnehmer nur dann beurteilen kann, ob die betriebsbedingte Kündigung rechtmäßig ist, wenn er die Gründe für die soziale Auswahl kennt.

Zugang

Die Kündigungserklärung wird wirksam, wenn sie dem Erklärungsempfänger nach §§ 130 ff. BGB zugeht.

Für den Zugang unter Abwesenden ist die **Empfangstheorie** maßgeblich. Danach geht eine Erklärung dem Empfänger dann zu, wenn sie so in seinen Machtbereich gelangt ist, dass bei Annahme gewöhnlicher Verhältnisse die Möglichkeit der Kenntnisnahme besteht. Es kommt also nicht darauf an, dass der Arbeitnehmer die Kündigung tatsächlich zur Kenntnis nimmt.

> *Bsp.: Der Arbeitgeber wirft die Kündigung persönlich an einem Samstag Nachmittag in den Briefkasten des Arbeitnehmers. - Die nächste übliche Briefkastenleerung erfolgt am Montag, an diesem Tag ist die Kündigung zugegangen. Dies gilt auch, wenn der Arbeitnehmer die Kündigung am Montag tatsächlich nicht zur Kenntnis nimmt, zum Beispiel, weil er im Urlaub oder im Krankenhaus ist, selbst wenn der Arbeitgeber dies weiß.*

Falls ein Arbeitnehmer aus tatsächlichen Gründen (z.B. einem Krankenhausaufenthalt) so lange an der Kenntnisnahme der Kündigung verhindert ist, dass er die Dreiwochenfrist der §§ 4, 7 KSchG nicht einhalten kann, kann er beim Arbeitsgericht einen Antrag auf nachträgliche Klagezulassung nach § 5 KSchG stellen.

Zu 2) Begrifflich muss eine **ordentliche Kündigung** vorliegen.

Ausgehend von der Erklärung des Kündigenden ist nach §§ 133, 157 BGB auszulegen, ob eine ordentliche Kündigung gemeint ist.

In Fällen mit kurzer Kündigungsfrist kann es unklar und damit auslegungsbedürftig sein, ob eine **ordentliche oder eine außerordentliche Kündigung** gewollt ist. Eine ordentliche Kündigung beendet das Arbeitsverhältnis erst nach einer bestimmten Kündigungsfrist und regelmäßig zu bestimmten Terminen, zum Beispiel zum 15. eines Monats, zu Monats- oder Vierteljahresenden. Eine außerordentliche Kündigung beendet das Arbeitsverhältnis dagegen in der Regel sofort. Es ist aber auch möglich, eine außerordentliche Kündigung erst nach einer Auslauffrist zu beenden. Eine außerordentliche Kündigung muss nämlich nicht unbedingt eine fristlose sein. Die Bezeichnungen werden jedoch oft fälschlicherweise synonym verwendet. Enthält die Kündigungserklärung eine Frist („hiermit kündige ich zum ..."), wird meist eine ordentliche Kündigung gewollt sein.

Zu 3) Kein Verstoß gegen allgemeine Vorschriften

Eine Kündigung, die gegen allgemeine Vorschriften verstößt, ist nichtig oder unwirksam. In Betracht kommen vor allem ein Verstoß gegen gesetzliche Verbote wie Verstöße gegen Schutzgesetze für bestimmte Personengruppen (Schwangere, behinderte Menschen, teilzeitbeschäftigte Arbeitnehmer, Betriebsratsmitglieder), das Kündigungsverbot wegen Betriebsübergangs sowie Sittenwidrigkeit nach § 138 oder ein Verstoß gegen Treu und Glauben nach § 242 BGB.

a) **Gesetzliche Verbote:** Nach § 134 BGB ist ein Rechtsgeschäft (hier also die Kündigungserklärung), das gegen ein gesetzliches Verbot verstößt, grundsätzlich nichtig.

- **§ 9 MuSchG:** Einer Frau darf während der Schwangerschaft und bis vier Monate nach der Entbindung nicht gekündigt werden, wenn dem Arbeitgeber zur Zeit der Kündigung die Schwangerschaft oder Entbindung bekannt war oder innerhalb von zwei Wochen nach Zugang der Kündigung mitgeteilt wird.
  § 9 MuSchG **gilt für ordentliche und außerordentliche Kündigungen.** Nach § 9 Abs. 3 MuSchG kann jedoch die für den Arbeitsschutz zuständige oberste Landesbehörde ausnahmsweise die Kündigung für zulässig erklären.

- **§ 18 BErzGG:** Der Arbeitgeber darf das Arbeitsverhältnis ab dem Zeitpunkt, von dem an Elternzeit verlangt worden ist, höchstens jedoch acht Wochen vor Beginn der Elternzeit und während der Elternzeit nicht kündigen.

- **§ 85 SGB IX:** Die Kündigung eines schwerbehinderten Menschen bedarf nach dieser Vorschrift der vorherigen Zustimmung des Integrationsamtes.

- **§ 11 TzBfG:** Die Vorschrift schützt Arbeitnehmer, die sich weigern, von einem Vollzeit- in ein Teilzeitarbeitsverhältnis oder umgekehrt zu wechseln.

- **§ 15 Abs. 1 S. 1 KSchG, § 103 Abs. 1 und 2 BetrVG:** Die Kündigung von Betriebsratsmitgliedern und Jugendvertretern etc. ist nach § 15 Abs. 1 S. 1 KSchG unzulässig. Zulässig ist aber eine außerordentliche Kündigung nach § 103 Abs. 1 BetrVG mit Zustimmung des Betriebsrats oder, falls der Betriebsrat seine Zustimmung verweigert, mit Zustimmung des Arbeitsgerichts nach § 103 Abs. 2 BetrVG.

b) **§ 613 a Abs. 4 BGB:** regelt das Kündigungsverbot wegen Betriebsübergangs (s. im 6. Kapitel)

c) **§ 242 BGB (Treu und Glauben):** Der Verstoß einer Kündigung gegen Treu und Glauben kommt nur selten in Betracht.

> § 242 BGB erfasst nicht solche Gründe, die nach § 1 KSchG zur Sozialwidrigkeit einer Kündigung führen. Insoweit ist nämlich das KSchG das speziellere Gesetz. Für Arbeitsverhältnisse, auf die das KSchG nicht anwendbar ist, findet also nicht über § 242 BGB eine Kontrolle statt.

Treuwidrige Kündigungen i.S.d. § 242 BGB sind selten.
Bsp.: Eine lesbische Sekretärin wird allein aufgrund ihrer sexuellen Orientierung gekündigt.

Allein der Zeitpunkt des Zugangs der Kündigungserklärung macht die Kündigung nicht ohne weiteres unwirksam. Nach der Rechtsprechung ist weder die Kündigung am 24.12. unwirksam noch die Kündigung kurz nach einer Fehlgeburt der Arbeitnehmerin.

d) § 138 BGB (Sittenwidrigkeit):

Bei der Unwirksamkeit wegen Sittenwidrigkeit i.S.d. § 138 Absatz 1 BGB gilt ein strengerer Maßstab als bei § 242 BGB. Dem BAG zufolge ist eine Kündigung erst dann sittenwidrig i.S.d. § 138 Abs. 1 BGB, „wenn sie auf einem verwerflichen Motiv des Kündigenden beruht, wie insbesondere Rachsucht oder Vergeltung, oder wenn sie aus anderen Gründen dem Anstandsgefühl aller billig und gerecht Denkenden widerspricht". An eine Kündigung wegen Sittenwidrigkeit stellt das BAG also **hohe Anforderungen**.

Hier gilt wie bei § 242 BGB: Die Sittenwidrigkeit einer Kündigung kann nicht auf Umstände gestützt werden, die inhaltsgleich mit der Sozialwidrigkeit des § 1 KSchG sind.

Zu 4) Anhörung des Betriebsrates

> Nach § 102 Abs. 1 S. 2 BetrVG ist eine ohne - vorherige - Anhörung des Betriebsrats ausgesprochene Kündigung unwirksam.

Der Betriebsrat ist **vor jeder Kündigung** zu hören, vor einer ordentlichen wie vor einer außerordentlichen. Der Arbeitgeber ist in seiner Entscheidung zur Kündigung allerdings nicht auf die Zustimmung des Betriebsrats angewiesen. Der Sinn des Anhörungsverfahrens besteht darin, den Arbeitgeber bei Bedenken des Betriebsrats dazu zu bringen, seine Entscheidung zu überdenken.

Der **Normalfall einer Anhörung** des Betriebsrats verläuft so:

Der Arbeitgeber leitet dem Vorsitzenden des Betriebsrats oder dessen Stellvertreter Informationen über die beabsichtigte Kündigung zu (s. § 26 Abs. 2 S. 2 BetrVG). Der Betriebsratsvorsitzende beruft nach § 29 Abs. 2 BetrVG eine Sitzung ein, zu der alle Mitglieder des Betriebsrats geladen werden müssen. In dieser Sitzung wird Protokoll geführt (§ 34 BetrVG) und am Ende wird ein Beschluss gefasst (§ 33 BetrVG).

Nachdem der Arbeitgeber dem Betriebsratsvorsitzenden Informationen zur beabsichtigten Kündigung zugeleitet hat, sind von Seiten des Betriebsrats **vier Reaktionsweisen denkbar:** Zustimmung, Äußern von Bedenken, Widerspruch oder keine Reaktion.

- **Zustimmung**

- **Bedenken.** Bei einer geplanten außerordentlichen Kündigung hat der Betriebsrat die Bedenken nach § 102 Abs. 2 S. 3 BetrVG spätestens innerhalb von drei Tagen, bei einer geplanten ordentlichen Kündigung spätestens innerhalb einer Woche schriftlich mitzuteilen.

- **Widerspruch.** Einen Widerspruch sieht § 102 Abs. 3 BetrVG nur gegen eine geplante ordentliche Kündigung vor. Widerspricht der Betriebsrat aus den in § 102 Abs. 3 BetrVG genannten Gründen der Kündigung, muss der Arbeitgeber den gekündigten Arbeitnehmer nach § 102 Abs. 5 S. 1 BetrVG weiterbeschäftigen.
  Allerdings kann der Arbeitgeber nach § 102 Abs. 5 S. 2 BetrVG beantragen, von der Verpflichtung zur Weiterbeschäftigung befreit zu werden.

- **Keine Reaktion.** Ist eine ordentliche Kündigung geplant, gilt nach einer Woche die Zustimmung als erteilt, s. § 102 Abs. 2 S. 2 BetrVG.

Kündigt ein Arbeitgeber einen Arbeitnehmer, ohne die in § 102 BetrVG genannten Fristen einzuhalten, ist die Kündigung unwirksam.

> Wurde der Betriebsrat vor einer Kündigung nicht angehört, kann selbst eine nachträgliche Zustimmung des Betriebsrats zur Kündigung diesen Mangel nicht heilen. Andernfalls würde der Sinn des Anhörungsverfahrens ausgehebelt werden.

Zu 5) Kündigungsfrist, § 622 BGB

Die Kündigungsfrist ist der Zeitraum zwischen dem Zugang und dem Wirksamwerden der Kündigung. Die gesetzlichen Kündigungsfristen sind in § 622 BGB geregelt.

Abweichende Kündigungsfristen können im Tarifvertrag (§ 622 Abs. 4 BGB) oder im einzelnen Arbeitsvertrag (§ 622 Abs. 5 BGB) vereinbart werden.

Für die Berechnung der Kündigungsfrist gelten die §§ 187 Abs. 1, 188 Abs. 2 S. 1, 1. HS BGB. § 193 BGB gilt nach Ansicht des BAG nicht.

Bsp. für eine Frist von vier Wochen: Eine Kündigung, die das Arbeitsverhältnis zum 31.7. beenden soll, muss spätestens am 3.7. zugehen.

Nach der Rechtsprechung des BAG gilt eine verspätete Kündigung im Zweifel als Kündigung zum nächstzulässigen Kündigungstermin.

Zu 6) Kündigungsschutz nach dem KSchG

Eine ordentliche Kündigung durch den Arbeitgeber, die nach den bisher behandelten Gesichtspunkten wirksam wäre, ist nach § 1 Abs. 1 KSchG rechtsunwirksam, wenn sie nicht **sozial gerechtfertigt** ist.

Das KSchG soll einen Ausgleich schaffen zwischen dem Interesse des Arbeitnehmers an der Erhaltung seines Arbeitsplatzes und dem Interesse des Arbeitgebers, dem die Beschäftigung des Arbeitnehmers unter bestimmten Voraussetzungen nicht mehr zugemutet werden kann, z.B. wenn veränderte wirtschaftliche Bedingungen einen Personalabbau erfordern oder wenn das Verhalten des Arbeitnehmers die Zusammenarbeit belastet.

Das KSchG schränkt die Beendigungsfreiheit und Personalpolitik des Arbeitgebers zugunsten des Schutzes der Arbeitnehmer erheblich ein. Zahlreiche Entscheidungen des BAG haben die Anforderungen an die soziale Rechtfertigung der Kündigung konkretisiert.

Prüfung der Rechtmäßigkeit einer Kündigung nach dem KSchG

1. **Anwendbarkeit des KSchG:**
   a) Geschützter Personenkreis
   b) Arbeitsverhältnis dauert länger als sechs Monate
   c) Erforderliche Anzahl von Arbeitnehmern im Betrieb
   (s. § 23 Abs. 1 KSchG)
2. **Soziale Rechtfertigung der Kündigung**
   Mögliche Rechtfertigungsgründe:
   - personenbedingt
   - verhaltensbedingt
   - betriebsbedingt und richtige Sozialauswahl
   - Gründe nach § 1 Abs. 2 S. 2 KSchG
   - Gründe nach § 1 Abs. 2 S. 3 KSchG

Zu den einzelnen Voraussetzungen

Zu 1) Anwendbarkeit des KSchG

a) Geschützter Personenkreis

Die **Anwendbarkeit** des KSchG setzt zunächst voraus, dass derjenige, der sich auf den Kündigungsschutz beruft, zum **geschützten Personenkreis** gehört. Das KSchG gilt für Arbeitnehmer, auch für Teilzeitbeschäftigte und Nebenbeschäftigungen und für leitende Angestellte.

> § 14 Abs. 2 KSchG geht allerdings von einem engeren Begriff des leitenden Angestellten aus als § 5 Abs. 3 BetrVG.

b) Arbeitsverhältnis dauert länger als sechs Monate

Nach § 1 Abs. 1 KSchG muss das Arbeitsverhältnis des Arbeitnehmers in **demselben Betrieb oder Unternehmen** ohne Unterbrechung **länger als sechs Monate** bestanden haben.

Während der **Betrieb** der Ort ist, an dem gearbeitet wird, ist das **Unternehmen** die organisatorische Einheit, mit der der Unternehmer seine wirtschaftlichen Zwecke verfolgt Das Unternehmen ist der geschäftliche Tätigkeitsbereich des Arbeitgebers.

Die Unterscheidung zwischen Betrieb und Unternehmen kann z.B. in einem Fall bedeutsam werden, in dem ein Arbeitnehmer zunächst in einem, und dann in einem anderen Betrieb desselben Unternehmens tätig wird.

c) Erforderliche Zahl von Arbeitnehmern im Betrieb

Kleinstbetriebe mit einer Arbeitnehmerzahl von fünf und weniger sind vom Geltungsbereich des ersten Abschnitts des KSchG ausgenommen. Zur Frage, ob es sinnvoll ist, das KSchG auch in Betrieben bis zu zehn oder zwanzig Arbeitnehmern auszuschließen und so die Hemmschwelle vor Neueinstellung in Kleinstbetrieben abzubauen, wird im Bundestag immer wieder debattiert.

Seit 1.1.2004 gilt folgende differenzierte Regelung:

- In Betrieben mit **fünf oder weniger** Arbeitnehmern (ohne Auszubildenden) gilt der erste Abschnitt des KSchG (§§ 1 – 14 KSchG) nicht.

- Für einen Arbeitnehmer, der **am 31.12.2003** in einem Betrieb mit mehr als fünf Arbeitnehmern beschäftigt war, gelten die §§ 1 – 14 KSchG.

- In Betrieben mit **zehn oder weniger** Arbeitnehmern gelten die §§ 1 – 3, 8 – 12 und 13 Abs. 1 S. 3 bis 14 KSchG nicht für Arbeitnehmer, deren Arbeitsverhältnis **nach dem 31.12.2003** begonnen hat; diese Arbeitnehmer sind bei der Feststellung der Zahl der beschäftigten Arbeitnehmer bis zur Beschäftigung von in der Regel zehn Arbeitnehmern nicht zu berücksichtigen.

Zur Feststellung der Zahl der Beschäftigten ist § 23 Abs. 1 S. 4 zu beachten.

Zu 2) Soziale Rechtfertigung der Kündigung

§ 1 Abs. 2 S. 1 KSchG nennt drei Gründe, die eine Kündigung sozial rechtfertigen können: personen-, verhaltens- oder betriebsbedingte Gründe. § 1 Abs.1 Satz 2 und 3 KSchG enthalten Gründe, bei deren Vorliegen eine Kündigung sozial nicht gerechtfertigt ist.

Bei jeder ordentlichen Kündigung ist über die Prüfung eines rechtfertigenden Grundes hinaus in einer zweiten Prüfungsstufe eine **Interessenabwägung** erforderlich. Dabei müssen alle Umstände des Einzelfalls gegeneinander abgewogen werden.

• Personenbedingte Kündigung

Sozial ungerechtfertigt ist eine Kündigung, wenn sie nicht durch Gründe, die in der Person des Arbeitnehmers liegen, bedingt ist.

Die **Abgrenzung**, ob der vom Arbeitgeber angegebene Kündigungsgrund personen- oder verhaltensbedingt ist, kann manchmal schwierig sein.

> Voraussetzung für eine personenbedingte Kündigung ist, dass der Arbeitnehmer auf Grund **persönlicher Eigenschaften, Fähigkeiten oder nicht vorwerfbarer Einstellungen** nicht mehr in der Lage ist, künftig eine vertragsgerechte Leistung zu erbringen.

Im Unterschied zu verhaltensbedingten Gründen sind die Gründe, die den Arbeitnehmer daran hindern, eine vertragsgerechte Leistung zu erbringen, für den Arbeitnehmer nicht steuerbar und können von ihm nicht beeinflusst werden. Deshalb muss der Arbeitnehmer vor einer Kündigung aus personenbedingten Kündigung nicht abgemahnt werden.

Beispiele für personenbedingte Gründe:

- fehlende Eignung
- Arbeitsunfähigkeit infolge Krankheit
- verminderte Arbeitsfähigkeit wegen Krankheit
- Alkohol- oder Drogensucht
- Straf- und Untersuchungshaft
- Verlust der Fahrerlaubnis, wenn der Arbeitnehmer zur Ausübung der Tätigkeit auf die Fahrerlaubnis angewiesen ist
- Verlust der Arbeitserlaubnis bei ausländischem Arbeitnehmer

Störungen aus der Vergangenheit reichen für eine personenbedingte Kündigung nicht aus. Die personenbedingte Kündigung ist zukunftsgerichtet, sie **soll künftige Belastungen abwehren**. Für die Prognose ist der Zeitpunkt des Zugangs der Kündigung maßgeblich.

Prüfungsstruktur der personenbedingten Kündigung

1. **Schritt: Vorliegen eines personenbedingten Grundes**
2. **Schritt: Negative Prognose hinsichtlich der Erfüllung der Arbeitspflicht**
3. **Schritt: Erhebliche Beeinträchtigung betrieblicher Interessen**
4. **Schritt: Umfassende einzelfallbezogene Interessenabwägung**

Bedeutsam ist die **Kündigung wegen krankheitsbedingter Fehlzeiten**. Das BAG unterscheidet wegen der unterschiedlichen finanziellen Belastungen für den Arbeitgeber (§ 3 Abs. 1 S. 1 EFZG) zwischen häufigen Kurzerkrankungen und lang andauernden Erkrankungen.

• Verhaltensbedingte Kündigung

Eine Kündigung ist ferner sozial ungerechtfertigt, wenn sie nicht durch Gründe, die im Verhalten des Arbeitnehmers liegen, bedingt ist.

> Bei der verhaltensbedingten Kündigung liegt der Kündigungsgrund wie bei der personenbedingten Kündigung in der Sphäre des Arbeitnehmers. Es geht um ein pflichtwidriges Verhalten des Arbeitnehmers während der Arbeitszeit, für das in der Regel ein Verschulden des Arbeitnehmers erforderlich ist.

Beispiele für verhaltensbedingte Gründe:

- Annahme von Schmiergeldern
- sexuelle Belästigung von Kolleginnen oder Kollegen
- dauernde Unpünktlichkeit[7]
- Genesungswidriges Verhalten während der Arbeitsunfähigkeit, zum Beispiel durch die Ausübung einer Nebentätigkeit während einer ärztlich attestierten Arbeitsunfähigkeit, wenn sich die Nebentätigkeit negativ auf den Heilungsprozess auswirkt.
- Beleidigung des Arbeitgebers
- verspätete Krankmeldung
- Vortäuschung einer Arbeitsunfähigkeit
- eigenmächtiger Urlaubsantritt (hier kann auch eine außerordentliche Kündigung angemessen sein)

Prüfungsstruktur der verhaltensbedingten Kündigung

1. **Schritt: Hat der Arbeitnehmer arbeitsvertragliche Pflichten verletzt?**
2. **Schritt: Ist vor der Kündigung eine Abmahnung erforderlich?**
3. **Schritt: Interessenabwägung** nach folgenden Kriterien:
   - Art und Schwere des pflichtwidrigen Verhaltens
   - Grad des Verschuldens
   - Häufigkeit des pflichtwidrigen Verhaltens
   - Wiederholungsgefahr
   - Grad der negativen Auswirkungen auf den Betrieb
   - Kommen mildere Mittel (Versetzung, Änderungskündigung, Abmahnung) in Betracht?

Die Bedeutung der Abmahnung für die Wirksamkeit einer Kündigung

In manchen Fällen ist eine ordentliche oder außerordentliche Kündigung nur wirksam, wenn der Arbeitnehmer vorher vergeblich abgemahnt wurde.

> Eine wirksame Abmahnung liegt vor, wenn der Arbeitgeber ein bestimmtes pflichtwidriges Verhalten des Arbeitnehmers beanstandet und den Arbeitnehmer darauf hinweist, dass im Wiederholungsfall arbeitsrechtliche Konsequenzen drohen.

---

[7] nach Abmahnung BAG 13.3.1987 NZA 1987, S. 518

- Bei Störungen im **Leistungsbereich** ist grundsätzlich vor jeder Kündigung eine Abmahnung erforderlich.

    Bsp.: schlechte Arbeitsleistung, Nichterfüllung der Arbeitspflicht, Zu-spät-Kommen, unbefugtes Verlassen des Arbeitsplatzes, Nichtbefolgen von Arbeitsanweisungen, Verletzung der Anzeigepflicht des § 5 EFZG.

Ausnahmsweise ist vor einer Kündigung eine Abmahnung bei Störungen im Leistungsbereich nicht erforderlich, wenn der Pflichtverstoß durch den Arbeitnehmer so schwer ist, dass der Arbeitnehmer weiß oder wissen muss, dass der Arbeitgeber den Pflichtverstoß nicht dulden wird.

Eine Abmahnung ist auch dann entbehrlich, wenn der Arbeitnehmer deutlich zeigt, dass er zu einer Verhaltensänderung nicht bereit ist.

Das abgemahnte Fehlverhalten und das Fehlverhalten, das den Arbeitgeber zur Kündigung veranlasst, müssen wertungsmäßig auf derselben Ebene liegen.

   Bsp.: Pflichtverletzungen bzgl. der Einhaltung der Arbeitszeit wie Zu-spät-Kommen, unberechtigte Pausen, unentschuldigtes Fehlen liegen wertungsmäßig einer der Ebene.

Wie viele Abmahnungen einer verhaltensbedingten ordentlichen Kündigung vorausgehen müssen, richtet sich nach den Umständen des Einzelfalls. Auch für eine Abmahnung gilt das Verhältnismäßigkeitsprinzip.

Grundsätzlich aber gilt: Wurde ein Arbeitnehmer ein Mal wegen eines Fehlverhaltens abgemahnt, berechtigt ein weiteres Fehlverhalten, das wertungsmäßig auf derselben Ebene liegt, zur ordentlichen Kündigung.

- Bei Störungen im **Vertrauensbereich** ist im Einzelfall zu prüfen, ob eine Abmahnung erforderlich ist.

Eine **Abmahnung** ist seit der Entscheidung des BAG vom 4.6.1997 (BB 1998, S. 109) jedenfalls dann **erforderlich**, wenn die Pflichtverletzung auf einem Verhalten beruht, das für den Arbeitnehmer steuerbar ist, wenn also eine Wiederherstellung des Vertrauens durch die Abmahnung erwartet werden kann.

Eine **Abmahnung** ist dagegen **entbehrlich**, wenn es um schwere Pflichtverletzungen geht, deren Rechtswidrigkeit dem Arbeitnehmer ohne weiteres erkennbar ist und bei denen eine Hinnahme des Verhaltens durch den Arbeitgeber offensichtlich ausgeschlossen ist. Dies ist dann der Fall, wenn sich der Arbeitnehmer dessen bewusst gewesen sein muss, dass er seinen Arbeitsplatz gefährdet.

   Bsp.: Diebstahl (auch geringwertiger Sachen), unrichtige Arbeitsberichte, falsche Spesenabrechnung, Missbrauch einer Vollmacht

Entfernung einer unberechtigten Abmahnung aus der Personalakte

Eine unzutreffende Äußerung über den Arbeitnehmer, die in der Personalakte dokumentiert ist, kann das Persönlichkeitsrecht des Arbeitnehmers beeinträchtigen. Deshalb kann der Arbeitnehmer die Entfernung einer Abmahnung, die eine unrichtige Tatsachenbehauptung enthält, aus §§ 242, 1004 BGB analog verlangen (s. hierzu Fall 11 beim Koalitionsrecht).

 BAG NJW 1986, 1065 zur Entfernung einer unberechtigten Abmahnung aus der Personalakte.

● **Betriebsbedingte Kündigung**

Eine Kündigung ist nach § 1 Abs. 2 Satz 1 KSchG sozial ungerechtfertigt, wenn sie nicht (...) durch dringende betriebliche Erfordernisse, die einer Weiterbeschäftigung des Arbeitnehmers in diesem Betrieb entgegenstehen, bedingt ist.

Die Prüfung einer betriebsbedingten Kündigung erfolgt in mehreren Schritten.

Prüfungsfolge bei einer betriebsbedingten Kündigung:

1. Schritt: Liegt ein betriebliches Erfordernis vor?

Betriebliche Gründe, die der Weiterbeschäftigung eines Arbeitnehmers entgegenstehen, können auf innerbetrieblichen oder auf außerbetrieblichen Umständen beruhen.

Bsp.: Rationalisierung, Umstellung der Produktionsmethoden, Einschränkung der Produktion, Stilllegung einer Abteilung im Betrieb, Verlagerung von Produktionen ins Ausland, Auftragsmangel, Umsatzrückgang, Absatzschwierigkeiten

2. Schritt: Wirkt sich der betriebliche Faktor konkret auf die Einsatzmöglichkeit des Arbeitnehmers aus?

Dies ist dann der Fall, wenn der Arbeitsplatz wegfällt. Bei diesem Prüfungspunkt stellt sich die Frage, ob oder inwieweit wirtschaftliche Entscheidungen durch Gerichte überprüft werden können.

> Nach der Rechtsprechung des BAG gilt der Grundsatz der freien Unternehmerentscheidung: Danach wird die unternehmerische Entscheidung nicht auf ihre Zweckmäßigkeit und Notwendigkeit untersucht.

Vielmehr erfolgt nur eine Missbrauchskontrolle dahingehend, ob die Maßnahme offensichtlich unsachlich oder willkürlich war.

3. Schritt: Ist das betriebliche Erfordernis dringend?

Dies ist dann der Fall, wenn der Arbeitgeber die Kündigung nicht durch technische, organisatorische oder betriebswirtschaftliche Maßnahmen abwenden kann. Es handelt sich hier nicht um eine verdeckte Überprüfung der freien Unternehmerentscheidung, sondern um eine Verhältnismäßigkeitsprüfung.

4. Schritt: Interessenabwägung

Diese geht nur in seltensten Fällen zugunsten des Arbeitnehmers, da unter 3. die Verhältnismäßigkeit schon geprüft wurde. (Allenfalls bei schwer wiegenden persönlichen Umständen)

5. Schritt: Sozialauswahl

Bei jeder betriebsbedingten Kündigung ist nach § 1 Abs. 3 KSchG eine Sozialauswahl vorzunehmen. **Danach soll grundsätzlich der Arbeitnehmer seinen Arbeitsplatz behalten, den der Verlust des Arbeitsplatzes am härtesten treffen würde.**

Die Sozialauswahl erfolgt in drei Stufen:

1. Stufe: Die Arbeitnehmer ermitteln, die für die Sozialauswahl in Betracht kommen. Vergleichbar mit dem gekündigten Arbeitnehmer sind dabei alle Arbeitnehmer, deren Tätigkeit auch vom gekündigten Arbeitnehmer ausgeübt werden könnte.

2. Stufe: Bestimmung der sozialen Schutzwürdigkeit der vergleichbaren Arbeitnehmer und Auswahl des am wenigsten schutzbedürftigen Arbeitnehmers.
  Die Gesichtspunkte, die nach § 1 Abs. 3 S. 1 KSchG bei der Bestimmung der sozialen Schutzwürdigkeit zu berücksichtigen sind, sind: Dauer der Betriebszugehörigkeit, Lebensalter, Unterhaltsverpflichtungen und Schwerbehinderung.

3. Stufe: Herausnahme von Mitarbeitern, auf die wegen ihrer besonderen Kenntnisse, Fähigkeiten und Leistungen nicht verzichtet werden kann (§ 1 Abs. 3 S. 2 KSchG).

● **Gründe nach § 1 Abs. 2 S. 2 KSchG**

Verstößt (in Betrieben des privaten Rechts) eine Kündigung gegen eine Richtlinie nach § 95 BetrVG (also gegen eine speziell für diesen Betrieb mit dem Betriebsrat vereinbarte Kündigungsrichtlinie), ist die Kündigung sozial ungerechtfertigt. Liegen die Voraussetzungen des § 1 Abs. 2 S. 2 KSchG vor, ist die Kündigung ohne weitere Interessenabwägung unwirksam.

- **Gründe nach § 1 Abs. 2 S. 3 KSchG**

Nach dieser Vorschrift ist eine Kündigung dann sozial ungerechtfertigt, wenn die Weiterbeschäftigung des Arbeitnehmers nach zumutbaren Umschulungs- oder Fortbildungsmaßnahmen möglich ist. Diese Regelung wird vermutlich durch die Reform des BetrVG zum 28.7.2001 künftig an Bedeutung gewinnen. Nach dem neu eingefügten § 97 Abs. 2 BetrVG steht dem Betriebsrat ein Mitbestimmungsrecht bei der Einführung von Maßnahmen der betrieblichen Berufsbildung zu, wenn der Arbeitgeber den Tätigkeitsbereich von Arbeitnehmern ändert und deren beruflichen Kenntnisse und Fähigkeiten nicht mehr ausreichen.

> § 97 Abs. 2 BetrVG kann sich über § 1 Abs. 2 S. 3 KSchG insofern auf die Wirksamkeit von Kündigungen auswirken, als Maßnahmen, die nach § 97 Abs. 2 BetrVG beschlossen wurden, zumutbar iSd § 1 Abs. 2 S. 3 KSchG sind.

Voraussetzung für die Anwendbarkeit des § 97 Abs. 2 BetrVG ist jedoch ein kollektiver Tatbestand, das heißt, er muss sich auf mehrere Arbeitnehmer auswirken bzw. auswirken können.

Zu 7) Erhebung der Kündigungsschutzklage innerhalb der Dreiwochenfrist der §§ 4, 7 KSchG

> Seit 1.1.2004 gilt die Dreiwochenfrist zur Erhebung der Kündigungsschutzklage nach § 4 S. 1 KSchG für jede Kündigung.

Ein Arbeitnehmer, der die Unwirksamkeit einer Kündigung gerichtlich überprüfen lassen will, muss innerhalb von drei Wochen nach Zugang der schriftlichen Kündigung Kündigungsschutzklage beim Arbeitsgericht erheben.

Ausnahme: Zulassung verspäteter Klagen nach § 5 KSchG

Wird die Rechtsunwirksamkeit einer Kündigung nicht rechtzeitig geltend gemacht, gilt die Kündigung als von Anfang an rechtswirksam (§ 7 KSchG).

Abfindung statt Klage?

Eine Alternative zur Klage wegen betriebsbedingter Kündigung bietet seit 1.1.2004 § 1 a KSchG. Die Norm regelt einen gesetzlichen Anspruch auf Abfindung bei betriebsbedingter Kündigung unter der Voraussetzung, dass der Arbeitnehmer auf die Erhebung der Klage nach betriebsbedingter Kündigung verzichtet. Der Abfindungsanspruch setzt jedoch einen entsprechenden Hinweis des Arbeitgebers in der Kündigungserklärung voraus (s. § 1 a Abs. 1 S. 2 KSchG).

Sonderfall: Änderungskündigung

Eine Änderungskündigung iSd § 2 KSchG ist ein Rechtsgeschäft, das aus zwei Teilen besteht: der Kündigung des Arbeitsverhältnisses und dem Angebot zur Fortsetzung des Arbeitsverhältnisses zu geänderten Bedingungen.

Eine Änderungskündigung ist eine echte Kündigung (in der Regel als ordentliche betriebsbedingte Kündigung), vor deren Ausspruch nach § 102 BetrVG der Betriebsrat zu hören ist.

Der Arbeitnehmer, dem gegenüber eine Änderungskündigung erklärt wird, hat drei Möglichkeiten:

1. **Möglichkeit:** Er erklärt sich mit den geänderten Bedingungen einverstanden. Dann handelt es sich um eine einverständliche Änderung des Arbeitsvertrags.

2. **Möglichkeit:** Er lehnt das Angebot ab. Die Änderungskündigung wird in diesem Fall zur Beendigungskündigung. Der Arbeitnehmer verliert seinen Arbeitsplatz.

3. **Möglichkeit:** Er nimmt nach § 2 KSchG das Angebot unter dem Vorbehalt an, dass die Änderung der Arbeitsbedingungen nicht sozial ungerechtfertigt ist und erhebt innerhalb von drei Wochen nach Zugang der Änderungskündigung Klage vor dem Arbeitsgericht.

Fall 9: Späte Pfeife

Der 32-jährige P ist seit eineinhalb Jahren im betriebsratslosen Verlag des V, in dem 30 vollzeitbeschäftigte Arbeitnehmer tätig sind, als Redakteur in einem Großraumbüro beschäftigt. Die Betriebsordnung sieht ein striktes Rauchverbot für den Großraum vor. In der ersten Jahreshälfte ist P drei Mal zu spät zur Arbeit erschienen, jeweils eine viertel Stunde. Beim vierten Zu-spät-Kommen wies V den P nachdrücklich darauf hin, dass er jetzt zum vierten Mal innerhalb dieses Jahres zu spät gekommen sei, dass dieses Verhalten gegen die Verpflichtung aus dem Arbeitsvertrag, spätestens um 8 Uhr anwesend sein zu müssen, verstoße und dass P im Wiederholungsfall mit rechtlichen Konsequenzen rechnen müsse. V händigt dem P ein entsprechendes Schreiben aus, dessen Empfang P schriftlich bestätigt.

Eine Woche nach diesem Vorfall, am 12.6. beginnt P, der vorher Nichtraucher gewesen ist, damit, während der Arbeitszeit Pfeife zu rauchen. Als V davon erfährt, schreibt er sofort eine Kündigung und händigt sie P aus: „Hiermit beende ich das Arbeitsverhältnis zum 15. Juli." Als P nach dem Grund für die Kündigung fragt, deutet V auf die Pfeife und schüttelt mit dem Kopf. Am Abend trifft sich P mit Ihnen in einem Café und fragt Sie, ob ihm zu einer Klage raten würden. Ihre Frage, ob für das Arbeitsverhältnis ein Tarifvertrag einschlägig sei, verneint P.

Lösungsvorschlag

Eine Kündigungsschutzklage hat Erfolg, wenn sie zulässig und begründet ist.

I. Zulässigkeit

1. Der Rechtsweg zu den Arbeitsgerichten ist nach § 2 Abs.1 Nr. 3 b) ArbGG gegeben.

2. Eine Kündigungsschutzklage ist eine Feststellungsklage (Antrag auf Feststellung, dass das Arbeitsverhältnis durch die Kündigung vom 12.6. nicht aufgelöst wurde, sondern fortbesteht). Das nach §§ 46 Abs. 2 ArbGG, 256 ZPO erforderliche Feststellungsinteresse liegt vor.

Damit ist die Klage zulässig.

II. Begründetheit

Die Klage ist begründet, wenn das Arbeitsverhältnis weiter besteht.

Zu prüfen ist, ob das Arbeitsverhältnis durch die Kündigung vom 12.6. beendet worden ist. Eine schriftliche Kündigungserklärung liegt vor. Die Kündigung wurde zur nächsten Monatsmitte erklärt, daher handelt es sich begrifflich um eine ordentliche Kündigung.

Die gesetzliche Kündigungsfrist, die bei einem Arbeitsverhältnis von eineinhalb Jahren nach § 622 Abs.1 BGB vier Wochen zum Fünfzehnten möglich ist, wurde eingehalten.

Möglicherweise ist die Kündigung nach dem KSchG sozial nicht gerechtfertigt.

Zunächst müsste das KSchG anwendbar sein. Dies richtet sich nach §§ 23 Abs. 2 sowie § 1 Abs. 1 KSchG. P ist als Arbeitnehmer seit 1 ½ Jahren, also länger als 6 Monate, in einem Betrieb mit 30 vollzeitbeschäftigten Arbeitnehmern tätig. Die Voraussetzungen der §§ 1 Abs. 1 bzw. 23 Abs. 2 KSchG sind damit erfüllt.

Fraglich ist, ob die Kündigung nach § 1 Abs. 2 KSchG durch Gründe, die im Verhalten des Arbeitnehmers liegen, sozial gerechtfertigt ist. Der Grund der Kündigung lag im Verstoß des P gegen das Rauchverbot.

Möglicherweise ist vor einer Kündigung wegen Verstoßes gegen das Rauchverbot eine Abmahnung erforderlich. Beim Verstoß gegen das betriebliche Rauchverbot handelt es sich um die Verletzung einer Nebenpflicht aus dem Leistungsbereich. Grundsätzlich ist bei Störungen im Leistungsbereich vor jeder Kündigung eine Abmahnung erforderlich. Zu prüfen ist, ob P bereits wegen eines Verhaltens, das wertungsmäßig auf der gleichen Ebene wie das Rauchverbot liegt, abgemahnt wurde. Am 5.6. wurde P von V wegen eines Verstoßes gegen die arbeitsvertragliche Pflicht, pünktlich um 8 Uhr am Arbeitsplatz zu sein, wirksam abgemahnt. Die der Kündigung vorangegangene Abmahnung bezog sich allerdings auf eine Pflichtverletzung bezüglich der Einhaltung der Arbeitszeit, während das Fehlverhalten, das V zur Kündigung veranlasste, eine Pflichtverletzung bezüglich der Einhaltung der betrieblichen Ordnung darstellt. Das abgemahnte Verhalten und das Fehlverhalten, das den Arbeitgeber zur Kündigung veranlasst, müssen nach der Rechtsprechung des BAG aber wertungsmäßig auf derselben Ebene liegen. Dies ist hier nicht der Fall. Folglich ist die Kündigung sozial nicht gerechtfertigt und damit unwirksam.

Die Unwirksamkeit der Kündigung kann nur innerhalb der Dreiwochenfrist der §§ 4, 7 KSchG geltend gemacht werden.

Ergebnis: Eine Klage des P hat Erfolg, wenn er sie innerhalb von drei Wochen nach Zugang der Kündigung beim zuständigen Arbeitsgericht einreicht.

§§§§§§§§§§

Wiederholungsfragen

1. Welche Möglichkeiten zur Beendigung eines Arbeitsverhältnisses gibt es?

    Ordentliche und außerordentliche Kündigung, Anfechtung, Lossagung vom faktischen Arbeitsverhältnis, Aufhebungsvertrag, Fristablauf beim befristeten Arbeitsverhältnis, Tod des Arbeitnehmers, Lösende Aussperrung, Auflösung des Arbeitsverhältnisses gegen Zahlung einer Abfindung durch Urteil des Arbeitsgerichts

2. Welches sind keine Gründe für die Beendigung eines Arbeitsverhältnisses?

    Tod des Arbeitgebers (Ausnahmen beachten!), Betriebsübergang nach § 613 a BGB, Betriebsstilllegung, Insolvenz

3. Was ist Kennzeichen einer ordentlichen Kündigung im Unterschied zur außerordentlichen Kündigung?

    Die ordentliche Kündigung beendet das Arbeitsverhältnis erst nach einer bestimmten Kündigungsfrist und zu bestimmten Terminen. Mit der außerordentlichen Kündigung kann das Arbeitsverhältnis sofort unter Berufung auf einen wichtigen Grund beendet werden.

4. Welche Aspekte müssen bei der Prüfung einer ordentlichen Kündigung berücksichtigt werden?

    Kündigungserklärung, Form, Zugang, begrifflich muss eine ordentliche Kündigung vorliegen, kein Verstoß gegen allgemeine Vorschriften, Anhörung des Betriebsrats, Einhaltung der Kündigungsfrist, Kündigungsschutz nach dem KSchG und Einhaltung der Dreiwochenfrist der §§ 4, 7 KSchG.

5. Ein Verstoß einer Kündigung gegen welche allgemeinen Vorschriften kann zur Nichtigkeit der Kündigung führen?

    § 9 MuSchG, § 85 SGB IX, § 613 a BGB, §§ 138, 242 BGB.

6. Warum können Gründe, die nach § 1 KSchG zur Sozialwidrigkeit einer Kündigung führen, nicht über §§ 138, 242 BGB der Kündigung eines Arbeitnehmers, der keinen Kündigungsschutz nach dem KSchG beanspruchen kann, entgegenstehen?

    Das KSchG ist spezieller. Zudem läge eine Umgehung des KSchG vor.

7. Ein Arbeitgeber bittet den Betriebsrat nach Ausspruch einer ordentlichen Kündigung um Zustimmung. Der Betriebsrat ist mit der Kündigung einverstanden. Ist die Kündigung wirksam?

    Nein, es liegt ein Verstoß gegen § 102 Abs.1 BetrVG vor. Der Betriebsrat muss vor Ausspruch der Kündigung angehört werden, damit der Arbeitgeber etwaige Bedenken des Betriebsrats berücksichtigen kann. Diese Schutzvorschrift für den Arbeitnehmer können Arbeitgeber und Betriebsrat nicht gemeinschaftlich aushebeln.

8. Nennen Sie die Prüfungsschritte bei der Prüfung des Kündigungsschutzes nach dem KSchG.

(1) KSchG anwendbar (Geschützter Personenkreis, mindestens 6 Monate beschäftigt, Zahl der Arbeitnehmer nach § 23 KSchG)
(2) soziale Rechtfertigung (personenbedingt, verhaltensbedingt oder betriebsbedingt und Sozialauswahl)

9. Erklären Sie den Unterschied zwischen Betrieb und Unternehmen. Wo können die Begriffe in der Fallbearbeitung bedeutsam sein?

Betrieb: der Ort, an dem gearbeitet wird.
Unternehmen: geschäftlicher Tätigkeitsbereich des Arbeitgebers.
Mögliche Bedeutung in der Fallbearbeitung: bei § 1 KSchG.

10. Erläutern Sie den begrifflichen Unterschied zwischen einer personen- und einer verhaltensbedingten Kündigung.

Bei der personenbedingten Kündigung sind die Gründe für den Arbeitnehmer regelmäßig nicht steuerbar, bei der verhaltensbedingten Kündigung geht es um ein pflichtwidriges, in der Regel verschuldetes Verhalten des Arbeitnehmers.

11. In welchen Fällen muss ein Arbeitnehmer vor einer Kündigung abgemahnt werden?

Grundsätzlich bei Störungen im Leistungsbereich, bei Störungen im Vertrauensbereich nur dann, wenn es um ein steuerbares Verhalten des Arbeitnehmers geht und eine Wiederherstellung des Vertrauens erwartet werden kann.

12. Im Kündigungsrecht gilt der Grundsatz der freien Unternehmerentscheidung. Erläutern Sie ihn.

Die unternehmerische Entscheidung, die bei betriebsbedingter Kündigung zum Wegfall eines Arbeitsplatzes führt, wird nicht auf ihre Zweckmäßigkeit und Notwendigkeit geprüft. Es erfolgt nur eine Missbrauchskontrolle.

13. Bei welchen Kündigungen ist eine Sozialauswahl nach § 1 Abs. 3 KSchG vorzunehmen?

Nur bei der betriebsbedingten.

14. An welchem Grundsatz orientiert sich die Sozialauswahl nach § 1 Abs. 3 KSchG?

Es soll unter mehreren in ihrer Funktion vergleichbaren Arbeitnehmern derjenige den Arbeitsplatz behalten, den der Verlust des Arbeitsplatzes nach sozialen Gesichtspunkten am härtesten treffen würde. Diese Gesichtspunkte sind: Dauer der Betriebszugehörigkeit, Lebensalter, Unterhaltspflichten und Schwerbehinderung.

15. Welche Folgen hat die Versäumung der Dreiwochenfrist der §§ 4, 7 KSchG?

Die Kündigung gilt von Anfang an als rechtswirksam (§ 7 KSchG).

Die außerordentliche Kündigung, § 626 BGB

Mit der außerordentlichen Kündigung können Arbeitnehmer oder Arbeitgeber das Arbeitsverhältnis ohne Einhaltung einer Kündigungsfrist unter Berufung auf einen wichtigen Grund beenden. Die außerordentliche Kündigung erfolgt meist fristlos. Der Kündigende kann aber auch eine Auslauffrist einräumen.

Prüfungsfolge bei einer außerordentlichen Kündigung

1. Kündigungserklärung, Form, Begründungspflicht, Zugang
2. Begrifflich muss eine außerordentliche Kündigung vorliegen.
3. Kein Verstoß gegen allgemeine Vorschriften
4. Anhörung des Betriebsrats nach § 102 Abs. 1 BetrVG
5. Wichtiger Grund i.S.d. § 626 Abs. 1 BGB
6. zweiwöchige Ausschlussfrist des § 626 Abs. 2 BGB

Für die Punkte 1, 3 und 4 gelten die Ausführungen zur ordentlichen Kündigung.

Zur **Begründungspflicht**: Die Kündigungserklärung muss nicht begründet werden. Nach § 626 Abs. 2 S. 2 BGB muss der Kündigende dem anderen Teil jedoch auf Verlangen den Kündigungsgrund unverzüglich schriftlich mitteilen.

Zu 5) Der wichtige Grund

Zentral für die Prüfung der Wirksamkeit einer fristlosen Kündigung ist in vielen Klausuren die Prüfung des wichtigen Grundes im Sinn des § 626 Abs. 1 BGB.

Nach § 626 Abs. 1 BGB liegt ein wichtiger Grund vor, wenn Tatsachen vorliegen, auf Grund derer dem Kündigenden unter Berücksichtigung aller Umstände des Einzelfalls und unter Abwägung der Interessen beider Vertragsteile die Fortsetzung des Dienstverhältnisses bis zum Ablauf der Kündigungsfrist oder bis zu der vereinbarten Beendigung des Dienstverhältnisses nicht zugemutet werden kann.

Der Gesetzestext fordert also die Berücksichtigung der Umstände des Einzelfalls und eine Interessenabwägung. Danach kann es **keine absoluten Kündigungsgründe** geben, bei deren Vorliegen eine außerordentliche Kündigung immer und in jedem Fall gerechtfertigt wäre.

Vielmehr erfolgt die Prüfung des wichtigen Grundes in zwei Schritten:

1. Schritt: Ist der Sachverhalt an sich geeignet, einen wichtigen Grund zu bilden?

Beim typischen Fall einer außerordentlichen Kündigung geht es um gröbliche Pflichtverletzungen des Arbeitnehmers im Verhaltensbereich. Zwar bedarf grundsätzlich jede verhaltensbedingte Kündigung der vorherigen Abmahnung. Dies gilt aber nicht bei besonders groben Pflichtverletzungen, die zu einer **restlosen Zerstörung des Vertrauensverhältnisses** führen, z.B. bei der Begehung von Straftaten oder bei beharrlicher Arbeitsverweigerung. Eine betriebsbedingte außerordentliche Kündigung scheidet dagegen aus.

2. Schritt: Umfassende **Interessenabwägung**

Die außerordentliche Kündigung muss das letzte Mittel (= ultima ratio) für den Kündigenden sein.

> Nach der Rspr. des BAG kommt eine fristlose Kündigung nur in Betracht, wenn alle anderen möglichen Mittel ausscheiden

Bei der Interessenabwägung können folgende Gesichtspunkte berücksichtigt werden:

- Dauer der Kündigungsfrist bei ordentlicher Kündigung (wichtig).
  Ist es dem Arbeitgeber/ dem Arbeitnehmer zuzumuten, das Arbeitsverhältnis bis zum Ablauf dieser Frist fortzusetzen?
- Bisherige Dauer des Arbeitsverhältnisses
- Bisheriger Verlauf des Arbeitsverhältnisses
- Stellung des Arbeitnehmers im Betrieb
- Gegebenenfalls: etwaige Höhe des Schadens
- Auswirkungen des Verhaltens des Arbeitnehmers auf den Betrieb
- Kommen mildere Maßnahmen in Betracht?
  Etwa: Abmahnung, Versetzung, Änderung des Vertrages, ordentliche Kündigung, außerordentliche Änderungskündigung

Zu 6) Die Ausschlussfrist

Die fristlose Kündigung kann nur innerhalb der zweiwöchigen Ausschlussfrist des § 626 Abs. 2 BGB erfolgen.

> **Klausurtipp!** Verwenden Sie den Begriff Ausschlussfrist und verwechseln Sie ihn nicht mit der Kündigungsfrist.

Beachten Sie, dass die Ausschlussfrist bei der Verdachtskündigung nach der Rechtsprechung des BAG erst dann beginnt, wenn sich der Kündigende über den Vorfall ein Bild machen kann. Der Fristablauf ist so lange gehemmt, wie Maßnahmen zur Aufklärung des Sachverhalts mit der gebotenen Eile durchgeführt werden.

Umdeutung nach § 140 BGB

Eine unwirksame außerordentlichen Kündigung kann nach § 140 BGB in eine ordentliche Kündigung zum nächst zulässigen Kündigungstermin umgedeutet werden. Dies setzt voraus:

1. dass der kündigende Arbeitgeber (oder der Arbeitnehmer) bei Kenntnis der Unwirksamkeit der außerordentlichen Kündigung eine ordentliche Kündigung gewollt hätte und

2. dass die ordentliche Kündigung zulässig ist.

Beachten Sie dabei, dass der **Betriebsrat** dann nicht nur zur außerordentlichen, sondern auch zur ordentlichen Kündigung **angehört** werden muss. Eine ordentliche Kündigung ist im Verhältnis zur außerordentlichen nämlich nicht etwa ein „minus" (weniger), sondern ein „aliud" (etwas anderes). Dies ergibt sich aus § 102 Abs. 2 BetrVG. Hier sind für die Mitbestimmung des Betriebsrats bei ordentlichen und bei außerordentlichen Kündigungen unterschiedliche Vorgehensweisen geregelt.

Eine **nochmalige Anhörung** des Betriebsrats ist **nur dann nicht erforderlich, wenn der Betriebsrat der außerordentlichen Kündigung zugestimmt hat** (nicht also nur: sich nicht geäußert hat).

Sonderfall: Verdachtskündigung

> Eine Verdachtskündigung ist eine Kündigung, die der Arbeitgeber ausdrücklich wegen des Verdachtes, der Arbeitnehmer habe eine schwer wiegende Pflichtwidrigkeit begangen, ausspricht.

Davon **abzugrenzen** ist der Fall, in dem der Vorwurf des Arbeitgebers, der Arbeitnehmer habe eine Pflichtverletzung begangen, auf Schlussfolgerungen des Arbeitgebers beruht.

Dabei muss der Verdacht so schwerwiegend sein, dass der Arbeitgeber eine außerordentliche Kündigung aussprechen könnte. Eine Verdachtskündigung ist deshalb meist eine fristlose Kündigung.

Bei einer **fristlosen Verdachtskündigung** gestaltet sich die **Prüfung des wichtigen Grundes** i.S.d. § 626 Abs. 1 BGB in folgenden vier Schritten:

1. **Schritt:** Das Fehlverhalten, dessen der Arbeitnehmer verdächtigt wird, muss aus der Sicht eines verständigen Arbeitgebers eine außerordentliche Kündigung rechtfertigen, falls es bewiesen wäre.

2. **Schritt:** Der Arbeitgeber muss alles Zumutbare zur Aufklärung des Sachverhaltes tun, **besonders ist er dazu verpflichtet, den Arbeitnehmer zum Tatverdacht anzuhören!!!**

> Wenn der Arbeitnehmer keine Gelegenheit hat, zu dem Vorwurf Stellung zu nehmen, ist die Verdachtskündigung unwirksam

3. **Schritt:** Der Verdacht muss dringend sein: Die Indizien müssen die Tatbegehung gerade durch den gekündigten Arbeitnehmer sehr wahrscheinlich machen.

4. **Schritt:** Interessenabwägung

> Bei der Verdachtskündigung beginnt die Ausschlussfrist des § 626 Abs. 2 BGB nach der Rspr. des BAG erst, wenn der Kündigende den Sachverhalt soweit mit Sicherheit kennt, dass er sich ein Urteil über den Verdacht, seine Tragweite und seine Auswirkung bilden kann.

Sonderfall: Druckkündigung

Eine Druckkündigung ist eine Kündigung, bei der sich der Arbeitgeber dem Druck beugt, den andere auf ihn ausüben, um die Kündigung eines Arbeitnehmers zu erreichen

Bsp.: Kunden drohen mit dem Abbruch der Geschäftsbeziehung, andere Arbeitnehmer mit Spezialkenntnissen drohen mit Eigenkündigung, die Belegschaft droht mit Streik.

Man unterscheidet zwei Fallgruppen der Druckkündigung:

1. Fallgruppe: Die Drohungen hängen mit dem Verhalten oder der Person des Arbeitnehmers, dessen Kündigung verlangt wird, zusammen. Dann stammt der Kündigungsgrund aus der Sphäre des Arbeitnehmers. Es liegt keine Druckkündigung im eigentlichen Sinn vor. Eine Kündigung ist unter den üblichen Voraussetzungen zulässig.

2. Fallgruppe: Der betroffene Arbeitnehmer gibt keinen Anlass zur Kündigung. Hierbei handelt es sich um eine klassische Druckkündigung. An die Wirksamkeit einer Druckkündigung stellt das Bundesarbeitsgericht hohe Anforderungen. Die Fürsorgepflicht des Arbeitgebers gebietet es, sich schützend vor den Arbeitnehmer zu stellen. Der Arbeitgeber muss versuchen, mit allen ihm zur Verfügung stehenden Mitteln die Kündigung abzuwenden. Er muss versuchen, die Drohenden von ihrer Drohung abzubringen und den Konflikt zu entschärfen, zum Beispiel durch Versetzung oder durch Änderungskündigung. Die Kündigung des Arbeitnehmers ist nur dann zulässig, wenn die der letzte Ausweg ist, um einen eigenen unzumutbaren Schaden abzuwenden.

Fall 10: Flüchtiger Tischler

T ist seit drei Jahren im Betrieb des B als Möbeltischler beschäftigt. Ein Betriebsrat existiert in dem Betrieb des B nicht. Am 9.6. kündigt B das Arbeitsverhältnis mit T außerordentlich mit der Begründung, T stehe unter dem dringenden Verdacht, am 3.6. in der Nähe der Möbeltischlerei beim Ausparken mit seinem Wohnmobil den Sportwagen eines Unbekannten angefahren und anschließend Fahrerflucht begangen zu haben. T weist den Vorwurf von sich. Auch als B erklärt, zwei Zeugen, einer davon ein benachbarter Geschäftsinhaber, hätten ihn gesehen, bestreitet T die Tat weiter. Ist die Kündigung wirksam?

Lösungsvorschlag

Das Arbeitsverhältnis könnte durch eine außerordentliche Verdachtskündigung nach § 626 BGB mit Ablauf des 9.6. beendet worden sein.

B hat eine fristlose Kündigung ausgesprochen und diese ausdrücklich damit begründet, T stünde unter dem dringenden Verdacht, eine Fahrerflucht begangen zu haben. Damit liegt eine außerordentliche Verdachtskündigung vor. B hat T persönlich angehört, um ihm Gelegenheit zu geben, zu dem Verdacht Stellung zu nehmen.

Zweifelhaft ist aber, ob ein wichtiger Grund im Sinn des § 626 Abs. 1 BGB vorliegt. Das Fehlverhalten, dessen der Arbeitnehmer verdächtigt wird, muss nämlich aus der Sicht eines verständigen Arbeitgebers eine außerordentliche Kündigung rechtfertigen, falls es bewiesen wäre.

Nach Ansicht des BAG ist es für eine fristlose Verdachtskündigung nicht erforderlich, dass der betroffene Arbeitnehmer eine besondere Vertrauensposition im Betrieb hat. Als Tischler hat T diese Position nicht. Der Verdacht einer schwerwiegenden Pflichtverletzung könnte also grundsätzlich auch die fristlose Kündigung des Arbeitsverhältnisses des T rechtfertigen. Hier handelt es sich um den Verdacht eines außerdienstlichen Fehlverhaltens. Fraglich ist, ob eine außerhalb der Arbeitszeit begangene Fahrerflucht eines Tischlers in einer Möbeltischlerei das Vertrauen des Arbeitgebers in die Redlichkeit des Arbeitnehmers derart stört, dass eine Fortsetzung des Arbeitsverhältnisses nicht einmal bis zum Ablauf der ordentlichen Kündigungsfrist zumutbar ist.

Das unerlaubte Entfernen vom Unfallort steht als Straftat gegen die öffentliche Ordnung und im weiteren Sinn als Vermögensdelikt (die Norm schützt die Geltendmachung von Schadensersatzansprüchen der Unfallgeschädigten) aber in keinerlei Zusammenhang mit der vertraglich geschuldeten Tätigkeit des T. Anders könnte es beispielsweise sein, wenn T nicht als Tischler, sondern als Fahrer bei B arbeiten würde oder nicht mit seinem eigenen Wagen, sondern mit dem Auto des B unterwegs gewesen wäre. Ein wichtiger Grund scheidet daher aus.

Ergebnis: Die fristlose Verdachtskündigung hat das Arbeitsverhältnis nicht beendet.

§§§§§§§§§§§

Wiederholungsfragen

1. Welche Prüfungspunkte sind bei einer außerordentlichen Kündigung zu beachten?

   Kündigungserklärung, Form, Zugang, begriffliches Vorliegen einer außerordentlichen Kündigung, kein Verstoß gegen allgemeine Vorschriften, Anhörung des Betriebsrats, wichtiger Grund des § 626 Abs.1 BGB, die 2-wöchige Ausschlussfrist des § 626 Abs. 2 BGB, außerdem Klageerhebung innerhalb der Dreiwochenfrist.

2. Wie prüft das BAG, ob ein wichtiger Grund iSd § 626 Abs. 2 BGB vorliegt?

   (1) Ist der Sachverhalt an sich geeignet, einen wichtigen Grund zu bilden?
   (2) umfassende Interessenabwägung.

3. Was ist bei der Interessenabwägung zu beachten?

   Eine außerordentliche Kündigung kommt nur in Betracht, wenn alle anderen Mittel ausscheiden. Sie ist ultima ratio für den Kündigenden.

4. Welche Folgen hat die Versäumung der zweiwöchigen Ausschlussfrist des § 626 Abs.2 BGB?

   Der Kündigende kann sich grundsätzlich nicht mehr auf den Vorfall, der ihn zur außerordentlichen Kündigung veranlasst hat, als Kündigungsgrund berufen. Ausnahme: Bei der Verdachtskündigung, hier beginnt die Ausschlussfrist erst, wenn der Kündigende den Sachverhalt so kennt, dass er sich ein Urteil bilden kann.

5. In Ihrem Gutachten kommen Sie zu dem Ergebnis, dass die außerordentliche Kündigung unwirksam ist. Was nun?

   Nach § 140 BGB kommt eine Umdeutung in eine ordentliche Kündigung in Betracht. (Anhörung des Betriebsrates beachten.)

6. Was ist eine Verdachtskündigung?

   Eine (in der Regel fristlose) Kündigung, die der Arbeitgeber ausdrücklich auf den Verdacht, der Arbeitnehmer habe eine schwerwiegende Pflichtverletzung begangen, stützt.

7. In welchen Schritten prüfen Sie den wichtigen Grund bei einer fristlosen Verdachtskündigung?

   1. Das Fehlverhalten müsste, falls es bewiesen wäre, eine fristlose Kündigung aus der Sicht eines verständigen Arbeitgebers rechtfertigen.
   2. Der Arbeitgeber muss alles Zumutbare zur Aufklärung des Sachverhalts tun, besonders den Arbeitnehmer zum Tatverdacht anhören.
   3. Der Verdacht muss dringend sein.
   4. Interessenabwägung.

8. Welche Anforderungen stellt das BAG bei der Druckkündigung an den Arbeitgeber?

   Er muss alles Zumutbare versuchen, um den Drohenden von seiner Drohung abzubringen, wenn die Drohung nicht durch das Verhalten oder die Person des Arbeitnehmers gerechtfertigt ist.

8. Kapitel
Koalitionsrecht

Koalitionen sind im Arbeitsrecht Vereinigungen von Arbeitnehmern und Arbeitgebern zur Wahrung und Förderung der Arbeits- und Wirtschaftsbedingungen, also Gewerkschaften und Arbeitgeberverbände. Die Koalitionsfreiheit ist in Art. 9 Abs. 3 GG gewährleistet.

Koalitionen haben vor allem das Recht, **Tarifverträge abzuschließen und Arbeitskämpfe zu führen**. Die Koalitionsfreiheit schützt aber noch weitere Tätigkeiten.

Die Koalitionsfreiheit gilt nach Art. 1 Abs. 3 GG gegenüber Gesetzgebung, vollziehender Gewalt und Rechtsprechung. Gegenüber Privaten gilt die Koalitionsfreiheit nach Art. 9 Abs. 3 S. 2 GG ausnahmsweise unmittelbar und nicht, wie Grundrechte üblicherweise, mittelbar über Generalklauseln und unbestimmte Rechtsbegriffe.

Schutz der Koalitionsfreiheit in Art. 9 Abs. 3 GG

Begriff der Koalition

Der Schutz der Koalitionsfreiheit setzt das Bestehen einer Koalition voraus. Gelegentlich ist in Klausuren zu prüfen, ob es sich bei einer Vereinigung von Arbeitnehmern um eine Koalition handelt.

Der Begriff der Koalition erfasst folgende Merkmale:

1. freiwilliger privatrechtlicher Zusammenschluss
2. auf gewisse Dauer angelegt und körperschaftlich organisiert
3. zur Wahrung und Förderung der Arbeits- und Wirtschaftsbedingungen
   Umstritten sind dabei folgende Merkmale:
   a) Durchsetzungskraft / Mächtigkeit
   b) Tarifwilligkeit (d.h. Bereitschaft, Tarifverträge abzuschließen)
   c) Arbeitskampfbereitschaft
4. unabhängig vom sozialen Gegenspieler, vom Staat, von Parteien und Kirchen
5. grundsätzlich überbetrieblich organisiert
6. mit demokratischer Binnenstruktur

Zu den einzelnen Merkmalen:

Zu 1) freiwilliger privatrechtlicher Zusammenschluss

Eine Koalition ist ein freiwilliger Zusammenschluss von Personen auf dem Gebiet des Privatrechts. Auf die Rechtsform der Vereinigung kommt es nicht an. Rechtsfähigkeit ist nicht erforderlich.

Zu 2) auf gewisse Dauer angelegt und körperschaftlich organisiert

Keine Koalitionen sind Vereinigungen, die sich spontan bilden (sogenannte ad-hoc-Koalitionen), zum Beispiel, um einen Arbeitskampf durchzuführen.

Die körperschaftliche Organisation gewährleistet die Unabhängigkeit des Zusammenschlusses vom Wechsel der Mitglieder. Am besten eignet sich dazu die Rechtsform des eingetragenen Vereines.

Zu 3) zur Wahrung und Förderung der Arbeits- und Wirtschaftsbedingungen

Dies ist der in Art. 9 Abs. 3 GG genannte Hauptzweck der Koalitionen.

Umstritten sind dabei drei Merkmale:

a) Durchsetzungskraft / Mächtigkeit

Nach der Rechtsprechung reicht es aus, dass eine Vereinigung „von ihrem Gegenspieler ernst genommen wird" Indikatoren dafür können sein: Mitgliederzahl, Finanzkraft, Erfahrung. An eine im Aufbau befindliche Organisation sind geringere Anforderungen zu stellen als an eine etablierte.

b) Tarifwilligkeit

Die Bereitschaft Tarifverträge abzuschließen, war im 19. Jahrhundert ein maßgeblicher Beweggrund bei der Gründung der Gewerkschaften. Nach h.M. muss Tarifwilligkeit gegeben sein, jedenfalls für Zusammenschlüsse von Personen, deren Arbeitsverhältnis tarifvertraglich geregelt werden kann.

Nach anderer Ansicht ist Tarifwilligkeit nicht erforderlich. Es solle der Koalition selbst überlassen bleiben, mit welchen Mitteln sie Einfluss nehmen wolle.

c) Arbeitskampfbereitschaft

Nach der Rechtsprechung ist die Arbeitskampfbereitschaft grundsätzlich erforderlich. Andernfalls fehle das wichtigste Druckmittel. Eine Ausnahme gilt für Beschäftigte, die kein Streikrecht haben (Beamte).

Zu 4) unabhängig vom sozialen Gegenspieler, vom Staat, von Parteien und Kirchen

Es muss sichergestellt werden, dass die innere Willensbildung einer Koalition frei von Einflüssen der genannten Art ist.

Zu 5) überbetrieblich organisiert

Die Organisation auf betrieblicher Ebene reicht nicht aus. Der Arbeitgeber könnte sonst durch eine gezielte Personalpolitik die Arbeit der Gewerkschaft beeinflussen.

Zu 6) mit demokratischer Binnenstruktur

Dieses Merkmal lässt sich zwar nicht aus dem Gesetz ableiten, wird jedoch aus einer Analogie zu den Anforderungen an Parteien aus Art. 21 Abs. 1 S. 3 GG hergeleitet und damit begründet, dass die Stellung der Gewerkschaften mit der von Parteien vergleichbar sei.

Schutzbereich

Der in Art. 9 Abs. 3 GG garantierte Schutzbereich der Koalitionsfreiheit lässt sich nicht aus dem Wortlaut des Grundrechts herleiten, sondern wurde durch die Rechtsprechung konkretisiert.

Die Koalitionsfreiheit ist ein **Doppelgrundrecht**: Garantiert wird die individuelle und die kollektive Koalitionsfreiheit.

1. Individuelle Koalitionsfreiheit

a) Die individuelle Koalitionsfreiheit erfasst das Recht des einzelnen, eine Koalition zu gründen, einer Koalition beizutreten und darin im Rahmen der geschützten kollektiven Betätigungsgarantie tätig zu sein (= **positive Koalitionsfreiheit**).

b) Nach h.M. und Ansicht des BAG erfasst die Koalitionsfreiheit auch das Recht, einer Koalition fernzubleiben und aus ihr auszutreten, ohne dadurch mittelbar oder unmittelbar Nachteile zu erleiden (= **negative Koalitionsfreiheit**). Diese sei die logische Kehrseite der positiven Koalitionsfreiheit.

Nach einer Mindermeinung ist das Recht, einer Koalition fernzubleiben, durch die **allgemeine Handlungsfreiheit** des Art. 2 Abs. 1 GG geschützt.

2. Kollektive Koalitionsfreiheit

Nicht nur der einzelne, auch die Koalitionen selbst sind Träger des Grundrechts der Koalitionsfreiheit. Die kollektive Koalitionsfreiheit erfasst zwei Komponenten: Die Bestandsgarantie und die Betätigungsgarantie.

a) Bestandsgarantie

Die Bestandsgarantie schützt den Bestand, die Existenz des Verbandes. Ein gesetzliches Verbot von Gewerkschaften oder Arbeitgeberverbänden wäre verfassungswidrig.

b) Betätigungsgarantie

> Der Schutzbereich der Betätigungsgarantie erfasst alle koalitionsspezifischen Verhaltensweisen

Dazu gehören:

- ☑ Tarifautonomie
- ☑ Wahlwerbung vor Betriebsratswahlen durch Gewerkschaften
- ☑ Verteilung von Werbematerial für Gewerkschaften durch betriebsangehörige Gewerkschaftsmitglieder
- ☑ Nutzung der Schwarzen Bretter für die Mitgliederwerbung
- ☑ Mitgliederwerbung außerhalb der Arbeitszeit
- ☑ aber auch: Mitgliederwerbung während der Arbeitszeit.

> Eine Begrenzung dieser weit gefassten Betätigungsgarantie findet bei der Prüfung der Schranken statt

Als Schranken für die Koalitionsfreiheit kommen in Betracht:

1. Die verfassungsunmittelbaren Schranken der Vereinigungsfreiheit in Art. 9 Abs. 2 GG (praktisch nicht relevant).

2. Verfassungsimmanente Schranken, nämlich Grundrechte Dritter und andere Werte von Verfassungsrang.

> Einschränkungen der Koalitionsfreiheit müssen also im konkreten Fall zum Schutz anderer Rechtsgüter, wie z.B. dem **Eigentumsrecht des Arbeitgebers**, dem **Betriebsfrieden** oder dem **ungestörten Produktions- oder Arbeitsablauf** geboten sein.
>
> In der Prüfung ist stets eine **Interessenabwägung** erforderlich!

Die Folge:
Tätigkeiten, die wie die Tarifautonomie dem Kernbereich der Koalitionsfreiheit angehören, werden am stärksten geschützt, Tätigkeiten aus dem Randbereich wie die Werbung während der Arbeitszeit am wenigsten.

 Empfohlene Lektüre zum Schutzbereich des Art. 9 Abs. 3 GG

> BVerfG, Beschluss vom 14.11.1995 JZ 1996, S. 627 - 629 (Durch diese Entscheidung wurde der Schutzbereich der Koalitionsfreiheit, der vorher nur den Kernbereich erfasste, auf alle koalitionsspezifischen Verhaltensweisen ausgedehnt.)
> s. dazu die Analyse von Rolf Wank, JZ 1996, S. 629 - 632

Fall 11: Mitgliederwerbung

A ist bei der X-AG als Maurer tätig. Zur Vorbereitung der Tarifverhandlungen möchte er seine Kollegen mobilisieren. Daher spricht er während der Arbeitszeit seine Kollegen X, Y und Z an. Da weder X noch Y noch Z an der Tarifpolitik interessiert sind, kommt es zu einer Diskussion von ca. 15 Minuten Dauer, während der die Arbeit ruht. Später, in der Pause, legt A Werbematerial in den Pausenräumen aus. Dabei handelt es sich um Broschüren der Gewerkschaft, die einen Überblick über die Leistungen der Gewerkschaft sowie ein Beitrittsformular enthalten. Die Belegschaft beachtet die Gewerkschaftsbroschüren nicht. X, Y und Z beschweren sich bei der X-AG über die Werbetätigkeit des A. Darauf spricht die X-AG dem A eine Abmahnung aus, die zur Personalakte genommen wird. Darin heißt es, A habe unerlaubterweise für die Gewerkschaft geworben und zwar zum einen, indem er während der Arbeitszeit propagandistische Gespräche führte, und zum andern durch das Auslegen von Werbematerial während der Pause. Damit habe A seine Pflichten aus dem Arbeitsvertrag verletzt. Bei weiteren Vorkommnissen ähnlicher Art müsse A mit Konsequenzen für sein Arbeitsverhältnis rechnen.

A verlangt die Entfernung der Abmahnung aus der Personalakte. Seiner Ansicht nach liegt kein abmahnungsfähiger Sachverhalt vor. Zudem hätte der Betriebsrat gehört werden müssen.

Lösungsvorschlag

A könnte die Entfernung der Abmahnung aus der Personalakte nach **§§ 242, 1004 BGB analog** verlangen.

Der Arbeitgeber muss im Rahmen seiner Fürsorgepflicht dafür sorgen, dass die Personalakte ein richtiges Bild des Arbeitnehmers vermittelt. Durch unrichtige Tatsachenbehauptungen in der Personalakte wird das Persönlichkeitsrecht des Arbeitnehmers berührt, da sein berufliches Fortkommen beeinträchtigt wird.

A kann die Entfernung der Abmahnung verlangen, wenn diese unwirksam ist.

Zunächst muss die Abmahnung wegen der damit verbundenen Warn- und Beanstandungsfunktion **inhaltlich bestimmt** sein. Gerügt wurde das unerlaubte Führen von Diskussionen während der Arbeitszeit sowie das Auslegen von Werbematerial für die Gewerkschaft. Damit ist der Vorwurf, der A gemacht wird, hinreichend bestimmt. Auch werden Rechtsfolgen im Wiederholungsfall, nämlich „Konsequenzen für das Arbeitsverhältnis", angedroht.

Eine **Beteiligung des Betriebsrates** ergibt sich weder aus § 87 Abs. 1 BetrVG noch aus § 102 BetrVG vorgesehen und ist für Abmahnungen nach ganz h.M. nicht erforderlich.

Fraglich ist, ob es sich bei den von der X-AG gemachten Rügen um **abmahnungsfähige Verletzungen arbeitsvertraglicher Pflichten** handelt.

A könnte seine **Pflichten aus dem Arbeitsvertrag** dadurch verletzt haben, dass er während der Arbeitszeit seine Kollegen X,Y und Z in eine Diskussion über die Tarifpolitik verwickelte und deshalb vier Arbeitnehmer ca. 15 Minuten lang ihrer Verpflichtung zur Erbringung der Arbeitsleistung nicht nachkamen. Grundsätzlich ist A verpflichtet, Verhaltensweisen zu unterlassen, die den Arbeitsablauf beeinträchtigen.

Sein Verhalten könnte aber durch die Koalitionsfreiheit des Art. 9 Abs. 3 Satz 1 GG gerechtfertigt sein. Art. 9 Abs. 3 GG verdrängt hier die ebenfalls in Betracht kommenden Grundrechte der Meinungsfreiheit, Art. 5 GG, und der allgemeinen Handlungsfreiheit, Art. 2 Abs.1 GG.

Das Verhalten des A müsste vom Schutzbereich des Art. 9 Abs. 3 GG erfasst sein. Nach der Rechtsprechung des BVerfG erstreckt sich der Schutzbereich des Art. 9 Abs. 3 GG auf alle Verhaltensweisen, die koalitionsspezifisch sind. Nach Ansicht des BVerfG ist davon auch die Mitgliederwerbung während der Arbeitszeit erfasst. Die Abmahnung der X-AG greift in den Schutzbereich des Art. 9 Abs. 3 GG ein.

Fraglich ist, ob dieser Eingriff verfassungsrechtlich gerechtfertigt ist.

Schranken der Koalitionsfreiheit sind die Grundrechte Dritter. Auf Seiten der X-AG steht die von Art. 2 Abs. 1 GG erfasste **wirtschaftliche Betätigungsfreiheit**, die bei einer Störung des Arbeitsablaufs berührt wird.

Zwischen beiden Positionen ist eine **Interessenabwägung unter Berücksichtigung der konkreten Umstände des Einzelfalls** vorzunehmen. Die Mobilisierung von Sympathisanten für die bevorstehenden Tarifauseinandersetzung gehört einer Betätigung am Randbereich der Koalitionsfreiheit an. Eingriffe sind daher aus sachlichen Gründen zulässig. Im Fall des A ging es nicht um eine kurze, kaum nennenswerte Arbeitsunterbrechung, etwa durch bloßes Überreichen eines Faltblattes, vielmehr hat A drei weitere Kollegen eine viertel Stunde lang von der vertraglich geschuldeten Erbringung der Arbeitsleistung abgehalten. Dabei handelt es sich um einen erheblichen Zeitraum. Das Interesse der X-AG, weitere Werbeaktionen des A innerhalb der Arbeitszeit zu verhindern, ist sehr hoch. Eine Werbetätigkeit während der Pausen bleibt A unbenommen. Damit ist der Eingriff, den die Abmahnung darstellt, verfassungsrechtlich gerechtfertigt.

Mit der 15-minütigen Diskussion über die Tarifpolitik hat A seine Pflichten aus dem Arbeitsvertrag verletzt. Es handelt sich um ein abmahnungsfähiges Verhalten.

Zu prüfen ist, ob es sich beim Auslegen von Werbematerial in den Pausenräumen während der Pause ebenfalls um einen abmahnungsfähigen Sachverhalt handelt. Dann müsste A durch dieses Verhalten Pflichten aus dem Arbeitsvertrag verletzt haben.

Die Mitgliederwerbung außerhalb der Arbeitszeit ist vom Schutzbereich des Art. 9 Abs. 3 GG erfasst. Die Abmahnung, deren Ziel es ist, dieses Verhalten zu unterbinden, greift in den Schutzbereich ein.

Zu prüfen ist, ob der Eingriff verfassungsrechtlich gerechtfertigt ist. Dies ist der Fall, wenn höherrangige Belange Dritter unverhältnismäßig beeinträchtigt werden. Eine Beeinträchtigung der wirtschaftlichen Betätigungsfreiheit des Arbeitgebers scheidet hier jedoch aus. Die Werbebroschüren zogen noch nicht einmal während der Pause die Aufmerksamkeit auf sich. Damit ist der Eingriff, den die Abmahnung darstellt, hinsichtlich der Werbung während der Pause nicht gerechtfertigt.

Beim Auslegen von Werbematerial in den Pausenräumen während der Pause hat A seine Pflichten aus dem Arbeitsvertrag nicht verletzt. Es handelt sich um keinen abmahnungsfähigen Sachverhalt.

Damit wird in der Abmahnung der X-AG ein abmahnungsfähiger und ein nicht abmahnungsfähiger Sachverhalt gerügt. Ist eine Abmahnung aber nur zum Teil berechtigt, so ist sie insgesamt aus der Personalakte zu entfernen.

Nach der Rechtsprechung des BAG kann der Arbeitgeber jedoch wegen des wirksamen Teiles eine neue Abmahnung aussprechen.

Ergebnis: A kann die Entfernung der Abmahnung aus der Personalakte verlangen.

§§§§§§§§§§§

Wiederholungsfragen

1. Nennen Sie Merkmale des Koalitionsbegriffs.

1. freiwilliger privatrechtlicher Zusammenschluss
2. auf gewisse Dauer angelegt und körperschaftlich organisiert
3. zur Wahrung und Förderung der Arbeits- und Wirtschaftsbedingungen
4. unabhängig vom sozialen Gegenspieler, vom Staat, von Parteien und Kirchen
5. überbetrieblich organisiert
6. mit demokratischer Binnenstruktur

2. Welche Freiheiten garantiert die Koalitionsfreiheit?

1) Individuelle Koalitionsfreiheit: positive K. (Freiheit, eine K. zu gründen, ihr beizutreten und in ihr tätig zu werden) und nach hM auch negative K. (Freiheit, aus einer K auszutreten).

2) Kollektive K.: Bestandsgarantie und Betätigungsgarantie, letztere umfasst alle koalitionsspezifischen Tätigkeiten.

3. Wem gegenüber gilt die Koalitionsfreiheit?

Nach Art. 1 Abs. 3 GG gegenüber Gesetzgebung, vollziehender Gewalt und Rechtsprechung. Im Verhältnis unter Privaten gilt die Koalitionsfreiheit ausnahmsweise nicht mittelbar über Generalklauseln und unbestimmte Rechtsbegriffe, sondern über Art. 9 Abs. 3 S. 2 GG unmittelbar.

4. Eine minderjährige Auszubildende möchte der Gewerkschaft beitreten. Darf sie das ohne die Genehmigung ihrer Erziehungsberechtigten? Begründen Sie.

Ja, wegen § 113 BGB.

5. Ist die Mitgliederwerbung von der Betätigungsgarantie erfasst:

a) außerhalb der Arbeitszeit?

b) während der Arbeitszeit?

a) und b) sind erfasst.

6. Erläutern Sie die Schranken des Art. 9 Abs. 3 GG.

Ein Gesetzesvorbehalt, etwa in Form eines Verbändegesetzes, existiert nicht. Die Schranken des Art. 9 Abs. 2 GG sind in der Praxis ohne Bedeutung. Wichtig sind aber nach der Ausweitung des Schutzbereichs der Betätigungsfreiheit durch das BVerfG die verfassungsimmanenten Schranken: Grundrechte Dritter und andere Werte von Verfassungsrang. Im Arbeitsrecht kommen insb. das Eigentumsrecht des Arbeitgebers, der Betriebsfriede und der ungestörte Produktions- oder Arbeitsablauf in Betracht.

7. Inwiefern ist der Schutz innerhalb der Betätigungsgarantie nicht gleich intensiv?

Tätigkeiten, die im Kernbereich der Betätigungsfreiheit liegen wie die Tarifautonomie, werden besonders stark geschützt, Tätigkeiten am Rande, wie die Werbung außerhalb der Arbeitszeit, dagegen weniger. Es ist stets eine Interessenabwägung erforderlich.

9. Kapitel
Tarifvertragsrecht

Tarifverträge können entweder zwischen einer Gewerkschaft und einem Arbeitgeber (**=Firmentarifvertrag**) oder zwischen einer Gewerkschaft und einem Arbeitgeberverband (**=Verbandstarifvertrag**) abgeschlossen werden.

Tarifverträge sind nur wirksam, wenn sie schriftlich vorliegen (s. § 1 Abs. 2 TVG).

📖 Lesen Sie die §§ 1- 5 TVG: Hier finden Sie wichtige Informationen zum Tarifvertrag auf knappem Raum!

Inhalt eines Tarifvertrags

Ein Tarifvertrag hat zwei Teile:

1. **einen schuldrechtlichen**
und
2. **einen normativen Teil.**

Der **schuldrechtliche Teil** enthält Rechte und Pflichten, die im Verhältnis der Tarifvertragsparteien gelten. Zwei Pflichten stehen dabei nie zur Disposition, sie sind stets Teil des Tarifvertrages: Die **Durchführungspflicht** (d.h. die Parteien müssen für die Durchführung des Vertrages sorgen) und die **Friedenspflicht** (d.h. gegen einen bestehenden Tarifvertrag sind Kampfmaßnahmen unzulässig).

Der **normative Teil** eines Tarifvertrages enthält

- Regelungen über den Abschluss, Inhalt und die Beendigung von Arbeitsverhältnissen
z.B. über ärztliche Einstellungsuntersuchung, Entgeltgruppen, Urlaubstage, Regelungen zur Unkündbarkeit. Auf der Grundlage des § 4 Abs. 4 S. 3 TVG werden in Tarifverträgen häufig **Ausschlussfristen** für die Geltendmachung tarifvertraglicher Rechte vereinbart, Bsp.: "Ansprüche aus dem Arbeitsverhältnis verfallen, wenn sie nicht innerhalb einer Ausschlussfrist von sechs Monaten nach Fälligkeit von der / dem Beschäftigten geltend gemacht werden." (§ 37 TVöD).

- betriebliche und betriebsverfassungsrechtliche Normen.
Betriebliche Normen regeln das Miteinander im Betrieb (z.B. Torkontrollen, Klimaanlage, Umgang mit Alkohol). Durch betriebsverfassungsrechtliche Normen können die Regeln über die Vertretung der Arbeitnehmer in einem Betrieb, wie sie im BetrVG vorgesehen ist, modifiziert werden.

Geltungsbereich eines Tarifvertrags

Die **Abschluss-, Inhalts- und Beendigungsnormen** gelten nach § 4 Abs. 1 TVG **unmittelbar und zwingend zwischen den Tarifgebundenen**, also dann, wenn der Arbeitnehmer Mitglied der Gewerkschaft ist, mit der der Arbeitgeber oder der Arbeitgeberverband, dem der Arbeitgeber angehört, einen Tarifvertrag abgeschlossen hat.

Darüber hinaus gibt es zwei weitere Möglichkeiten für die Anwendung der normativen Regeln eines Tarifvertrages auf ein Arbeitsverhältnis:

- Der Tarifvertrag wurde nach § 5 TVG vom Bundesminister für Arbeit und Sozialordnung für allgemeinverbindlich erklärt.

- Im Arbeitsvertrag wird auf einen bestimmten Tarifvertrag Bezug genommen.

Die **betrieblichen und die betriebsverfassungsrechtlichen Normen** gelten dagegen nach § 3 Abs. 2 TVG **für alle Arbeitnehmer eines Betriebes**, dessen Arbeitgeber tarifgebunden ist. (Also unabhängig davon, ob der einzelne Arbeitnehmer Mitglied der Gewerkschaft ist oder nicht.)

Abweichende Vereinbarungen im Arbeitsvertrag

Vereinbarungen im Arbeitsvertrag, die vom normativen Teil eines Tarifvertrages abweichen, sind nach § 4 Abs. 3 TVG in zwei Fallgruppen zulässig:

1. Fallgruppe: Die Abweichungen sind durch den Tarifvertrag gestattet.

> *Bsp.: § 2 Abs. 3 TVöD: Nebenabreden sind nur wirksam, wenn sie schriftlich vereinbart werden.*

Solche Klauseln, die die Regelungen in Tarifverträgen für abweichende Vereinbarungen öffnen, nennt man **Öffnungsklauseln**.

2. Fallgruppe: Die Abweichungen enthalten eine Änderung der tarifvertraglichen Regelungen zugunsten des Arbeitnehmers (Günstigkeitsprinzip). Da Tarifverträge regeln schließlich nur Mindestarbeitsbedingungen.

Hier stellt sich die Frage, auf **welche Weise der Günstigkeitsvergleich zwischen einem Arbeitsvertrag und einem Tarifvertrag vorgenommen werden soll**.

In Betracht kommt zunächst, jeden einzelnen Posten jeweils für sich zu betrachten, also etwa: die Höhe des Urlaubsgelds, die Dauer der Arbeitszeit und des Urlaubs sowie Leistungszulagen. Diese sogenannte **Rosinentheorie** (d.h. der Arbeitnehmer pickt sich aus dem Gesamtangebot an Normen die Rosinen heraus) soll nach h.M. jedoch nicht angewandt werden. Für einen Gesamtvergleich von Tarifvertrag und Arbeitsvertrag mangelt es an objektiven Bewertungskriterien, um etwa eine kürzere Urlaubszeit mit einem höheren Arbeitsentgelt vergleichen zu können.

Daher gilt nach h.M. der **Sachgruppenvergleich**. Danach werden die Leistungen, die in einem engen Zusammenhang stehen (wie etwa Urlaubsregelungen), miteinander verglichen.

Prüfung eines Anspruchs aus einem Tarifvertrag

1. Besteht ein Arbeitsverhältnis?
2. Ist der Tarifvertrag auf das Arbeitsverhältnis anwendbar?
3. Ist der Tarifvertrag wirksam?
   (Schriftform, § 1 Abs. 2 TVG / kein Verstoß gegen höherrangiges Recht)
4. Sind die Voraussetzungen der anspruchsbegründenden Norm erfüllt?
   Gibt es eine Ausschlussfrist?
5. Was ergibt der Günstigkeitsvergleich mit einem einzelvertraglichen Anspruch?

Einzelne Klauseln

Die Tarifautonomie reicht nicht unbegrenzt. Klauseln, die gegen EU-Recht, gegen Grundrechte oder zwingendes Gesetzesrecht verstoßen, sind unwirksam.

Zulässig sind beispielsweise die oben bei den Abschluss-, Inhalts- und Beendigungsnormen erläuterten **Ausschlussklauseln** zur Geltendmachung von Ansprüchen aus Tarifverträgen.

Unzulässig sind Klauseln, die **Höchstarbeitsbedingungen** festlegen, etwa: „Kein Arbeitnehmer darf mehr als 3.000 Euro pro Monat netto verdienen." Aus § 4 Abs. 3 TVG ergibt sich nämlich, dass die Tarifvertragsparteien Mindestarbeitsbedingungen festlegen.

Teilweise kontrovers werden jedoch Klauseln, die den Lohn betreffen, diskutiert. Ausgangspunkt ist eine Sachlage wie beispielsweise diese: Der Tariflohn beträgt 7 Euro pro Stunde, ein Arbeitnehmer erhält jedoch auf der Grundlage seines Arbeitsvertrages 8 Euro pro Stunde. Nun wird der Tariflohn um 10 % erhöht. Es stellt sich die Frage, wie hoch der Stundenlohn des Arbeitnehmers nun ist. Beträgt er nun 8,80 Euro (= 8 Euro plus 10 % von 8 Euro) oder bleibt der Lohn gleich, da zwar der Tariflohn auf 7,70 Euro (= 7 Euro plus 10 % von 7 Euro) erhöht wurde, dies aber womöglich keine Auswirkungen auf den übertariflichen Lohn hat?

Nach h.M. wirkt sich eine Erhöhung des Tariflohns nicht ohne weiteres auf den übertariflichen Lohn aus (= **Aufsaugungs- oder Anrechnungsprinzip**), ein entsprechender Parteiwille könne nicht unterstellt werden. Der betreffende Arbeitnehmer würde also weiter einen Stundenlohn von 8 Euro erhalten.

Diese Rechtslage macht die Tarifverhandlungen für übertariflich bezahlte Arbeitnehmer uninteressant. Um dies zu ändern, wurden von Gewerkschaftsseite folgende Klauseln in Tarifverträge eingebracht:

Effektivgarantieklauseln oder Effektivklauseln

Effektivgarantieklauseln sehen vor, dass nicht nur der Tariflohn, sondern auch der übertarifliche Lohn aufgestockt wird. Die Berechnungsbasis ist der bisher gezahlte Effektivlohn im Betrieb.

Beispiel für eine Effektivgarantieklausel: „Bisher gezahlte übertarifliche Zulagen sind dem erhöhten Grundgehalt hinzuzurechnen und gelten als Bestandteil des Tariflohns." In dem obengenannten Beispiel würde der Arbeitnehmer demnach einen Stundenlohn in Höhe von 8,80 Euro erhalten.

Effektivgarantieklauseln sind nach h.M. unzulässig. Begründet wird dies damit, es läge ein Verstoß gegen das **Schriftformerfordernis** des § 1 Abs. 2 TVG vor. Zweck der Schriftform sei es, dass der Arbeitnehmer dem Tarifvertrag die Höhe seines Arbeitsentgelts entnehmen könne. Dies sei bei einer Effektivgarantieklausel jedoch nicht garantiert, da man den übertariflichen Lohn dem Tarifvertrag nicht entnehmen könne. Weiter liegt nach h.M. ein Verstoß gegen das § 4 Abs. 3 TVG zugrunde liegende Prinzip des Tarifvertragsrechts vor, lediglich **Mindestarbeitsbedingungen** festzulegen. Das Aushandeln übertariflicher Löhne solle individuellen Verhandlungen vorbehalten bleiben.

Begrenzte oder beschränkte Effektivklauseln

Im Unterschied zur Effektivklausel soll bei der begrenzten Effektivklausel die effektive Tariflohnerhöhung auf übertariflichen Lohn aufgestockt werden, ohne dass die übertarifliche Zulage die Berechnungsbasis ist.

Beispiel für eine begrenzte Effektivklausel: „Die Tariflohnerhöhung muss in jedem Fall zusätzlich zu dem tatsächlich gezahlten Lohn gezahlt werden." Im oben genannten Beispiel würde eine begrenzte Effektivklausel zu einer Lohnerhöhung von 10 % von 7 Euro, also 0,70 Euro pro Stunde führen. Ein Arbeitnehmer mit einem übertariflichen Lohn von 8 Euro würde also 8,70 Euro erhalten.

Die Zulässigkeit begrenzter Effektivklauseln ist umstritten. Während das BAG und ein Teil der Literatur die Klauseln aus ähnlichen Gründen wie die Effektivklauseln für unwirksam hält, ist ein anderer Teil der Literatur der Auffassung, diese Klauseln seien wirksam.

Wiederholungsfragen

1.	Was ist bei der Prüfung der Wirksamkeit eines Tarifvertrages zu beachten?	Er muss schriftlich abgefasst sein (§ 1 Abs. 2 TVG) und er darf nicht gegen höherrangiges Recht (z.B. Grundrechte) verstoßen. Dies ergibt sich aus allgemeinen Grundsätzen.
2.	Welche beiden Teile enthält ein Tarifvertrag?	Einen schuldrechtlichen und einen normativen.
3.	Welcher Teil des Tarifvertrags enthält Regelungen, die das Arbeitsverhältnis betreffen?	Der normative Teil.
4.	Welche Regelungen sind dies?	Abschluss-, Inhalts- und Beendigungsnormen sowie betriebliche und betriebsverfassungsrechtliche Normen.
5.	Gelten alle Regelungen aus dem normativen Teil eines Tarifvertrags nur für Gewerkschaftsmitglieder?	Nein, die betrieblichen und betriebsverfassungsrechtlichen Normen gelten für alle Arbeitnehmer eines Betriebes, deren Arbeitgeber tarifgebunden ist.
6.	Rechtsgrundlage für diese Regelung?	§ 3 Abs. 2 TVG.
7.	Unter welchen Voraussetzungen sind im Arbeitsvertrag vom Tarifvertrag abweichende Vereinbarungen zulässig?	1. Der Tarifvertrag gestattet abweichende Regelungen (= Öffnungsklauseln), 2. Arbeitsvertrag enthält Abweichungen zugunsten des Arbeitnehmers (=Günstigkeitsprinzip)
8.	Wie wird der Günstigkeitsvergleich vorgenommen?	Durch Sachgruppenvergleich. Leistungen, die in einem engen Zusammenhang miteinander stehen, werden verglichen.
9.	Was bedeutet das Aufsaugungs- oder Anrechnungsprinzip?	Eine Erhöhung des Tariflohns wirkt sich nicht ohne weiteres auf übertarifliche Löhne aus.
10.	Was ist eine Effektivgarantieklausel?	Eine Klausel im Tarifvertrag, nach der der effektiv gezahlte Lohn aufgestockt wird.
11.	Warum sind Effektivgarantieklauseln nach h.M. unzulässig?	Verstoß gegen das Schriftformerfordernis von Tarifverträgen und Verstoß gegen das Prinzip der Festlegung von Mindestarbeitsbedingungen.
12.	Was sind begrenzte Effektivklauseln?	Klauseln, nach der die Erhöhung auf der Basis des alten Tariflohns berechnet werden soll.
13.	Wie wird ihre Wirksamkeit bewertet?	BAG und Teil der Lit.: unzulässig, anderer Teil der Lit.: zulässig.

10. Kapitel
Arbeitskampfrecht

Wenn die Tarifvertragsparteien bei ihren Verhandlungen keine Einigung erzielen, käme nach allgemeinen zivilrechtlichen Grundsätzen kein Tarifvertrag zustande. Dies würde allerdings die Arbeitnehmer stark benachteiligen, da sie es sind, die ihre Forderungen nach Verbesserung der Arbeitsbedingungen und nach höherem Lohn an die Arbeitgeberseite herantragen. Das Arbeitskampfrecht gibt den Tarifvertragsparteien deshalb Instrumente, mit deren Hilfe sie ihren Forderungen Nachdruck verleihen können. Das Druckmittel der Arbeitnehmer ist der **Streik**, das der Arbeitgeber die **Aussperrung**.

Daneben gibt es noch den **Boykott**, der darauf gerichtet ist, den Kampfgegner geschäftlich zu schädigen, etwa durch den Aufruf der Gewerkschaft, bestimmte Waren nicht zu kaufen.

Das Arbeitskampfrecht ist ein Annexinstitut des Tarifvertragsrechts. Arbeitskämpfe sind daher **nur auf tarifvertraglicher**, nicht auf betrieblicher Ebene zulässig.

Das Recht zum Arbeitskampf wird aus Art. 9 Abs. 3 GG hergeleitet, eine einfachgesetzliche Ausgestaltung gibt es nicht. Seine rechtliche Ausprägung hat es vor allem durch die Rechtsprechung des BAG erfahren.

In seiner Grundsatzentscheidung zum Streikrecht (BAG GS NJW 1955, S. 882 ff.) legte der Große Senat des BAG auch heute noch wichtige Leitlinien zum Streikrecht fest.

Der Streik

Ein Streik ist eine planmäßige und gemeinsame Verweigerung der geschuldeten Arbeitsleistung zur Durchsetzung von Forderungen, regelmäßig der Verbesserung der Lohn- und Arbeitsbedingungen.

Vom Streik abzugrenzen ist die **kollektive Ausübung des Zurückbehaltungsrechts** nach § 273 BGB, etwa wenn sich Arbeiter weigern, unter Bedingungen, die gegen die Unfallverhütungsvorschriften verstoßen, an bestimmten Maschinen zu arbeiten. Beim Zurückbehaltungsrecht wird eine individuelle Rechtsposition geltend gemacht, im Beispiel die aus § 618 Abs.1 BGB.

Je nachdem, ob ein Streik rechtmäßig oder rechtswidrig ist, kommen unterschiedliche Rechtsfolgen in Betracht.

Der rechtmäßige Streik

Voraussetzungen für einen rechtmäßigen Streik

1. **Auf Arbeitnehmerseite gewerkschaftlich organisiert**
2. **Beachtung der Friedenspflicht,**
   d.h. kein Streik gegen einen noch laufenden Tarifvertrag
3. **Das Streikziel muss tariflich regelbar sein.**
   (Folge: Verbot von Sympathiestreiks und politischen Streiks).
4. **Einhaltung der Verhältnismäßigkeit**
   a) bezüglich des Ob: Vor dem Scheitern der Verhandlungen ist ein Arbeitskampf nicht zulässig.
   b) bezüglich des Wie: Verbot unlauterer Kampfmittel wie Gewaltanwendung

Rechtsfolgen des rechtmäßigen Streiks

1. Für die streikenden Arbeitnehmer

Die **Hauptleistungspflichten** aus dem Arbeitsverhältnis **ruhen**, sie sind suspendiert. Die Arbeitnehmer sind also nicht zur Arbeit verpflichtet (Ausnahme: Notstandsarbeiten), die Arbeitgeber nicht zur Zahlung der Gehälter (Ausnahme: Vergütung der Notstandsarbeiten). Die Nebenpflichten müssen dagegen weiter eingehalten werden, etwa das Wettbewerbsverbot oder die Verpflichtung, Geschäftsgeheimnisse zu wahren.

Die Teilnahme eines Arbeitnehmers an einem rechtmäßigen Streik stellt individualrechtlich also keine Verletzung der Pflichten aus dem Arbeitsvertrag dar. Eine auf die Verweigerung der Arbeit gestützte Abmahnung oder Kündigung ist demnach nicht zulässig.

2. Für die nicht streikenden Arbeitnehmer im bestreikten Betrieb

Die am Streik nicht beteiligten Arbeitnehmer im bestreikten Betrieb sind verpflichtet, ihre Arbeit, soweit möglich, gegen Entgelt zu verrichten. Können Arbeitswillige im bestreikten Betrieb streikbedingt nicht beschäftigt werden, entfällt die Vergütungspflicht. Diese Arbeitnehmer tragen dann das Arbeitskampfrisiko.

3. Für arbeitswillige Arbeitnehmer in anderen Betrieben

Ein Arbeitskampf in einem Betrieb kann dazu führen, dass in anderen Betrieben (Zulieferbetrieben oder Kundenbetrieben) nicht mehr gearbeitet werden kann, weil die Herstellung der Produkte nicht möglich oder wirtschaftlich sinnlos ist. Fraglich ist, ob die Arbeitgeber dieser anderen Betriebe zur Vergütung verpflichtet sind. Das BAG beurteilt diese Fälle nach den Grundsätzen der Kampfparität.

> Soweit Fernwirkungen eines Streiks die Kampfparität (also das Verhandlungsgleichgewicht) stören können, verlieren die betroffenen Arbeitnehmer ihren Anspruch auf Vergütung

Dies ist jedenfalls dann der Fall, wenn der Zuliefer- oder Kundenbetrieb in den Geltungsbereich des umkämpften Tarifvertrages fällt.

Der rechtswidrige Streik

Ein rechtswidriger Streik kann Ansprüche und Rechtsfolgen auf verschiedenen rechtlichen Beziehungsebenen auslösen:

- **Unter den Tarifvertragsparteien:**

Anspruch des Arbeitgebers bzw. Arbeitgeberverbands gegen die Gewerkschaft auf Schadensersatz aus § 280 Abs. 1 BGB (Pflichtverletzung des Tarifvertrags) und § 823 BGB (Eingriff in das Recht am eingerichteten und ausgeübtem Gewerbebetrieb) sowie auf Unterlassung aus § 1004 BGB.

- **Unter den Arbeitsvertragsparteien:**

1. Der Anspruch des Arbeitgebers gegen den streikenden Arbeitnehmer **auf Erfüllung** der Arbeitsleistung aus § 611 BGB i.V.m. Arbeitsvertrag ist zwar gegeben, wegen § 888 Abs. 2 ZPO jedoch nicht vollstreckbar.

2. Ansprüche **auf Schadensersatz** können auf § 280 Abs. 1 BGB sowie auf § 823 Abs. 1 BGB (Eingriff in den eingerichteten und ausgeübten Gewerbebetrieb) gestützt werden.

3. Daneben kommen außerordentliche (§ 626 BGB) und ordentliche **Kündigungen** in Betracht.

Die Aussperrung

Aussperrung ist die **planmäßige Ausschließung von Arbeitnehmern von der Arbeit unter Verweigerung der Lohnzahlung.**

Man unterscheidet zwischen der **Abwehraussperrung** als Reaktion auf einen Streik der Arbeitnehmer und der **Angriffsaussperrung** als Eröffnung eines Arbeitskampfes durch die Arbeitgeberseite. Beide Formen der Aussperrung sind zulässig, die Abwehraussperrung ist allerdings die wichtigere Form.

Voraussetzungen einer rechtmäßigen Aussperrung

> 1. **Streik**
> 2. **Organisation durch den Arbeitgeberverband, Ausnahme: Arbeitskampf um einen Firmentarif**
> 3. **Ausgesperrt werden dürfen alle Arbeitnehmer, die streiken dürfen, also auch nicht Organisierte**
> 4. **Verhältnismäßigkeit**

Genaueres zur Verhältnismäßigkeit:

Maßgeblich für den zulässigen Umfang einer Abwehraussperrung ist der Umfang des Streiks. Es ist allerdings sehr umstritten, wann eine Aussperrung unverhältnismäßig ist. Je gezielter der Streik geführt wird, um so größer kann das Interesse der Arbeitgeber an der Ausweitung des Arbeitskampfes sein.

Das BAG hat konkrete Zahlenverhältnisse entwickelt, nach der z.B. dann, wenn im Tarifgebiet weniger als 25 % der Arbeitnehmer streiken, nicht mehr als weitere 25 % ausgesperrt werden dürfen. Diese „**Aussperrungsarithmetik**" ist in der Literatur wegen seiner Starrheit sehr kritisiert worden.

Einigkeit besteht jedenfalls insoweit, als die Aussperrung auf das umkämpfte Tarifgebiet begrenzt sein muss.

Rechtsfolgen einer Aussperrung

Grundsätzlich hat die Aussperrung wie der Streik eine suspendierende Wirkung auf das Arbeitsverhältnis: Die Hauptleistungspflichten ruhen. (= **suspendierende Aussperrung**). Finanziell trifft dies diejenigen Arbeitnehmer, die sich am Streik nicht beteiligt haben.

Eine **lösende Aussperrung**, also eine, die das Arbeitsverhältnis beendet, ist nach Ansicht des BAG nur bei hoher Kampfintensität zulässig oder wenn während des Streiks Arbeitsplätze rationalisiert werden, nicht aber gegenüber Personengruppen mit besonderem Kündigungsschutz, z.B. Schwangeren und schwerbehinderten Menschen.

Wiederholungsfragen

1. Nennen Sie die 3 Mittel des Arbeitskampfes.

    Streik, Aussperrung, Boykott

2. Warum ist ein Arbeitskampf auf betrieblicher Ebene nicht zulässig?

    Weil Arbeitskämpfe über das Zustandekommen bzw. Inhalte von Tarifverträgen geführt werden. Daher sind die Parteien eines Arbeitskampfes die Gewerkschaft und der Arbeitgeber bzw. Arbeitgeberverband.

3. Erklären Sie den Begriff des Streiks im Unterschied zur kollektiven Ausübung des Zurückbehaltungsrechts.

    Streik: planmäßige gemeinsame Arbeitsniederlegung zur Verbesserung der Lohn- und Arbeitsbedingungen.

    Kollektive Ausübung des Zurückbehaltungsrechts: Gemeinschaftliche Geltendmachung einer individuellen Rechtsposition (eines Anspruchs, auf den ein Recht besteht)

4. Nennen Sie die Rechtmäßigkeitsvoraussetzungen für einen Streik.

    gewerkschaftlich organisiert / Einhaltung der Friedenspflicht / Streikziel muss tariflich regelbar sein / Verhältnismäßigkeit

5. Rechtsfolgen eines rechtmäßigen Streiks für die Streikenden?

    Hauptpflichten des Arbeitsverhältnisses werden suspendiert.

6. Rechtsfolgen des Streiks für nicht streikende Arbeitnehmer im bestreikten Betrieb?

    Sie gehen ihrer Arbeit nach, soweit dies möglich ist, und erhalten ihren Arbeitslohn. Falls sie streikbedingt nicht arbeiten können, erhalten sie keinen Lohn.

7. In einem Kundenbetrieb des bestreikten Betriebes kann streikbedingt nicht gearbeitet werden. Lohnanspruch der Beschäftigten, wenn der Betrieb nicht in den Bereich des umkämpften Tarifvertrags fällt?

    Nach den Grundsätzen der Kampfparität des BAG: ja.

8. Welche Rechte hat ein Arbeitgeber gegenüber einem Arbeitnehmer, der rechtswidrig streikt?

    Anspruch auf Schadensersatz aus § 280 Abs. 1 und aus § 823 BGB sowie Kündigung.

9. Definieren Sie Aussperrung.

    Planmäßige Ausschließen von Arbeitnehmern von der Arbeit unter Verweigerung der Arbeitsvergütung.

10. Rechtmäßigkeitsvoraussetzungen einer Aussperrung?

    Streik / vom Arbeitgeberverband organisiert (bei Verbandstarif) / Aussperrung auch von nicht Streikenden / Verhältnismäßigkeit

11. Unterschied zwischen suspendierender und lösender Aussperrung?

    suspendierende: Hauptleistungspflichten aus dem Arbeitsverhältnis ruhen.

    lösende: wirkt wie eine Kündigung.

11. Kapitel
Betriebsverfassungsrecht

Das Betriebsverfassungsrecht gewährt den Arbeitnehmern eine Beteiligung an Entscheidungen, die den Betrieb betreffen und die sonst vom Arbeitgeber allein getroffen würden. Die Rechte werden vor allem durch den **Betriebsrat** wahrgenommen. Dieser vertritt die Interessen der gesamten Belegschaft. Zwischen Arbeitgeber und Betriebsrat gilt nach § 2 Abs. 1 BetrVG der **Grundsatz vertrauensvoller Zusammenarbeit**.

Das deutsche Betriebsverfassungsrecht ist vom Tarifvertragsrecht getrennt, jedoch sollen Betriebsrat und Arbeitgeber mit den im Betrieb vertretenen Gewerkschaften und Arbeitgeberverbänden zusammenwirken (s. § 2 Abs. 1 BetrVG).

Die **Rechtsgrundlagen für die betriebliche Mitbestimmung** finden sich im BetrVG von 1972, für den öffentlichen Dienst im Bundespersonalvertretungsgesetz bzw. den Personalvertretungsgesetzen der Länder, für leitende Angestellte im Sprecherausschussgesetz und schließlich im Europäische Betriebsräte-Gesetz.

Geltungsbereich des BetrVG

■ **sachlich:**

Das BetrVG gilt:

- für Betriebe der Privatwirtschaft
- nicht für Einrichtungen der Religionsgemeinschaften, § 118 Abs. 2 BetrVG. Sofern Religionsgemeinschaften Anstalten des öffentlichen Rechts sind, schließt § 130 BetrVG die Anwendung aus.
- eingeschränkt für Tendenzbetriebe, „soweit die Eigenart des Unternehmens oder des Betriebes dem entgegen steht", § 118 Abs. 1 S. 1 Nr. 1 und 2

   Bsp. für Tendenzbetriebe: Buch-, Zeitungs- und Zeitschriftenverlage, Privatschulen, Forschungsinstitute

■ **persönlich:**

Das BetrVG erfasst grundsätzlich alle Arbeitnehmer eines Betriebs. Der Arbeitnehmerbegriff wird jedoch durch die § 5 BetrVG modifiziert. So gilt das BetrVG **nicht für leitende Angestellte**, es sei denn, im BetrVG ist ausdrücklich etwas anderes bestimmt, s. § 5 Abs. 3 BetrVG.

Darüber hinaus ist eine betriebliche Mitbestimmung in solchen Betrieben ausgeschlossen, in denen die Arbeitnehmer keinen Betriebsrat gewählt haben. Nach § 1 BetrVG werden zwar in Betrieben mit in der Regel mindestens fünf ständigen wahlberechtigten

Arbeitnehmern, von denen drei wählbar sind, Betriebsräte gewählt. Dabei handelt es sich jedoch um keine erzwingbare Pflicht.

> Der Begriff des Betriebes ist wie in § 1 KSchG der Ort, an dem gearbeitet wird, und ist vom Unternehmen als der organisatorischen Einheit, mit der der Unternehmer seine wirtschaftlichen Zwecke verfolgt, abzugrenzen.

Die **Mitwirkungs- und Beschwerderechte des Arbeitnehmers nach §§ 81 ff. BetrVG** gehören dagegen systematisch zum Arbeitsvertragsrecht und gelten unabhängig davon, ob ein Betriebsrat existiert oder nicht.

Organe der Betriebsverfassung

- **Der Betriebsrat und seine Sonderformen**
  (Gesamtbetriebsrat, §§ 47 ff. BetrVG, Konzernbetriebsrat, §§ 54 ff. BetrVG, sowie die Jugend- und Auszubildendenvertretung, §§ 60 ff. BetrVG)
- **Ausschüsse**
  z.B. Betriebs- und Wirtschaftsausschuss ((§ 27 BetrVG bzw. §§ 106 ff. BetrVG)
- **Die Betriebsversammlung (§§ 42 ff. BetrVG)**

Der Betriebsrat

Wahl und Zusammensetzung des Betriebsrats sind in den §§ 7 ff. BetrVG geregelt. Die Mitglieder des Betriebsrats führen ihr Amt **unentgeltlich als Ehrenamt**, s. § 37 Abs. 1 BetrVG, haben jedoch einen Anspruch auf entsprechende Arbeitsbefreiung unter Fortzahlung des Arbeitsentgelts, § 37 Abs. 3 S. 1 BetrVG. Die Kosten für die Tätigkeit des Betriebsrats trägt der Arbeitgeber, § 40 BetrVG.

Die Betriebsräte genießen **Kündigungsschutz** nach § 15 KSchG und § 103 Abs. 1 und 2 BetrVG. Nach § 103 Abs. 3 BetrVG bedarf auch die Versetzung eines Mitglieds des Betriebsrats der Zustimmung des Betriebsrats.

Der Betriebsrat ist **Träger eines freien Mandats**, Weisungen der Belegschaft binden ihn nicht.

Beteiligungsrechte des Betriebsrats

Die **allgemeinen Aufgaben** des Betriebsrats sind in § 80 BetrVG genannt. **Darüber hinaus** regelt das BetrVG **Mitwirkungsrechte auf folgenden Bereichen:**

- soziale Angelegenheiten, §§ 87 ff. BetrVG
- personelle Angelegenheiten, §§ 92 ff. BetrVG
- wirtschaftliche Angelegenheiten, §§ 106 ff. BetrVG

Die Beteiligungsrechte des Betriebsrats sind von unterschiedlicher Intensität:

- **Informationsrechte**
  d.h. Fragerecht des Betriebsrats und Erläuterungspflicht des Arbeitgebers. Informationsrechte ergeben sich z.B. aus §§ 80 Abs. 2 S. 1, 85 Abs. 3 S. 1, 105 BetrVG.

- **Anhörungsrechte**
  d.h. der Arbeitgeber hat sich mit den Argumenten des Betriebsrats auseinanderzusetzen.
  Wichtigstes Bsp.: Anhörungspflicht vor jeder Kündigung, § 102 Abs. 1 BetrVG.

- **Beratungsrechte**
  d.h. der Arbeitgeber muss eine Angelegenheit gemeinsam mit dem Betriebsrat erörtern.
  Bsp.: § 92 Abs. 1 S. 2 BetrVG.

- **Widerspruchsrechte**
  Widerspricht der Betriebsrat einer Kündigung nach § 102 Abs. 3 BetrVG, so berührt dies zwar nicht die Wirksamkeit der Kündigung, jedoch hat der Arbeitnehmer unter den Voraussetzungen des § 102 Abs. 5 BetrVG einen Anspruch auf Weiterbeschäftigung bis zum rechtskräftigen Abschluss des Rechtsstreits.

- **Zustimmungserfordernisse**
  Das wichtigste Zustimmungserfordernis ist das bei personellen Einzelmaßnahmen nach § 99 BetrVG. Der Betriebsrat kann seine Zustimmung nur aus den in § 99 Abs. 2 genannten Gründen verweigern. Unter den in § 99 Abs. 3 BetrVG aufgeführten Voraussetzungen wird die Zustimmung fingiert und nach Abs. 4 kann sie vom Arbeitsgericht ersetzt werden.

- **Bereiche mit Einigungszwang**
  Darüber hinaus gibt es Bereiche, auf denen die Beteiligung des Betriebsrats gleichberechtigt neben die des Arbeitgebers tritt. Es besteht ein Einigungszwang.
  Bsp.: Mitbestimmungsrechte in sozialen Angelegenheiten nach § 87 BetrVG.

■ **Inititativrechte**
Hier kann der Betriebsrat vom Arbeitgeber eine Entscheidung verlangen, z.B. nach § 95 Abs. 2 BetrVG über Auswahlrichtlinien in Betrieben mit mehr als 1000 Arbeitnehmern. Falls eine Einigung nicht zustande kommt, entscheidet die Einigungsstelle. (zur Einigungsstelle s. § 76 BetrVG) oder, wie im Fall des § 104 BetrVG (Entfernung betriebstörender Arbeitnehmer) das Arbeitsgericht.

Durchsetzung der Rechte aus dem BetrVG

Auf allen Bereichen der Mitbestimmung und unabhängig von der Intensität der Beteiligungsrechte des Betriebsrats **obliegt die Durchführung der Vereinbarungen grundsätzlich dem Arbeitgeber,** § 77 Abs. 1 S. 1 BetrVG. Diese Sachlage fasst folgender Satz zusammen:

Beteiligungsrechte des Betriebsrats sind keine Exekutivrechte!

Rechtsfolgen bei Verstoß gegen Pflichten aus dem BetrVG

■ Eine grobe Verletzung der Pflichten aus dem BetrVG kann für ein Mitglied des Betriebsrats zum **Ausschluss aus dem Betriebsrat** führen, für den Betriebsrat selbst zur **Auflösung,** s. § 23 Abs. 1 BetrVG.

■ Grobe Verstöße des Arbeitgebers gegen seine Verpflichtungen aus dem BetrVG begründen nach § 23 Abs. 3 BetrVG **Ansprüche auf Unterlassung, Duldung oder Vornahme von Handlungen.**
Bsp.: Der Arbeitgeber führt eine Betriebsvereinbarung oder einen Spruch der Einigungsstelle nicht durch.

Es stellt sich die Frage, ob der Betriebsrat auch dann, wenn der Arbeitgeber nur eine einfache Pflichtverletzungen begeht, beim Arbeitsgericht gegen ihn vorgehen und sein rechtmäßiges Verhalten erzwingen kann, zum Beispiel wenn der Arbeitgeber in einem Fall Überstunden anordnet, ohne das Mitbestimmungsrecht des Betriebsrats nach § 87 Absatz 1 Nr. 3 BetrVG zu beachten. Das Bundesarbeitsgericht hat seine Rechtsprechung zu der Frage mehrfach geändert. Seit 1994 erlaubt das Bundesarbeitsgericht, dass sich der Betriebsrat auch dann, wenn der Arbeitgeber nur eine einfache und keine grobe Pflichtverletzung begeht, mit einem Antrag an das Arbeitsgericht wenden kann.[8]

---

[8] BAG 3.5.1994 NZA 1995, S. 40, bestätigt durch BAG 11.12.2001 AP Nr. 93 zu § 87 BetrVG 1972 Arbeitszeit

Instrumente der Mitbestimmung des Betriebsrats

Auf dem Bereich der vollen Mitbestimmung des Betriebsrats, den oben genannten Bereichen mit Einigungszwang sowie den Initiativrechten, gibt es zwei Instrumente der Mitbestimmung: die Betriebsabsprache und die Betriebsvereinbarung.

Betriebsabsprache

Die **Betriebsabsprache oder Regelungsabrede** ist eine formlose Vereinbarung zwischen Arbeitgeber und Betriebsrat, also ein privatrechtlicher Vertrag.

Eine Betriebsabsprache:
- muss nicht schriftlich abgefasst werden,
- begründet ausschließlich Rechte und Pflichten im Verhältnis Arbeitgeber und Betriebsrat, hat also keine normative Wirkung und wirkt nicht unmittelbar gegenüber den Arbeitnehmern.

Zum Inhalt einer Betriebsabsprache eignen sich alle Angelegenheiten, die in den Zuständigkeitsbereich des Betriebsrats fallen. Es kommen organisatorische Fragen, aber auch Fragen der Mitbestimmung in Betracht.

Bsp.: Der Arbeitgeber verpflichtet sich, eine Fachzeitschrift zu abonnieren; der Betriebsrat verpflichtet sich, die Betriebsversammlungen nur zu bestimmten Zeiten abzuhalten.

Betriebsvereinbarung

Die Betriebsvereinbarung ist zwar auch ein privatrechtlicher Vertrag zwischen Arbeitgeber und Betriebsrat, sie hat jedoch **normativen Charakter**.

Eine **Betriebsvereinbarung besteht** wie ein Tarifvertrag **aus zwei Teilen**:

1. einem **schuldrechtlichen Teil**, in dem Rechte und Pflichten zwischen Arbeitgeber und Betriebsrat geregelt werden, und

2. einen **normativen Teil**, der Rechte und Pflichten im Verhältnis zwischen den Arbeitnehmern und dem Arbeitgeber begründet.

> Der normative Teil einer Betriebsvereinbarung gilt nach § 77 Abs. 4 S. 1 BetrVG für alle Beschäftigten unmittelbar und zwingend.

Eine Betriebsvereinbarung muss **schriftlich** abgefasst werden, § 77 Abs. 2 S. 1 BetrVG. Die **Kündigung** einer Betriebsvereinbarung ist mit einer Frist von 3 Monaten möglich, falls nichts anderes vereinbart wurde, § 77 Abs. 5 BetrVG.

Verhältnis zum Tarifvertrag

Grundsätzlich kann in einer Betriebsvereinbarung alles geregelt werden, was auch Gegenstand eines Tarifvertrages sein kann. Damit stellt sich das Problem, was gelten soll, wenn tatsächlich dieselbe Frage sowohl in einem Tarifvertrag als auch in einer Betriebsvereinbarung geregelt ist. Grundsätzlich geht das **Tarifrecht als das ranghöhere Recht** einer Betriebsvereinbarung vor. Legt man aber das in § 4 Abs. 3 TVG normierte Günstigkeitsprinzip zugrunde, ginge eine günstigere Regelung in einer Betriebsvereinbarung einer weniger günstigen in einem Tarifvertrag vor.

Es greift aber noch ein drittes Prinzip ein:

> Das **Verhältnis von Betriebsvereinbarung und Tarifvertrag** wird von einem dritten Prinzip überlagert: der **Sperrwirkung**

Das BetrVG normiert in zwei Vorschriften den **Vorrang des Tarifvertrages: in § 77 Abs. 3 und in § 87 Abs. 1 BetrVG.**

Mit dieser **Regelungssperre zum Schutz der Tarifautonomie** soll gewährleistet werden, dass die Normsetzungsbefugnis der Tarifvertragsparteien nicht auf betrieblicher Ebene ausgehöhlt wird.

Diese Sperrwirkung gilt natürlich nicht, wenn der Tarifvertrag Öffnungsklauseln enthält, dann sind abweichende Regeln ja ausdrücklich zugelassen.

Die Gegenstände der Mitwirkung

- **Soziale Angelegenheiten**, §§ 87 ff. BetrVG

Die in § 87 Abs. 1 genannten Mitbestimmungsrechte sind praktisch sehr bedeutsam. Voraussetzung für Betriebsvereinbarungen auf den genannten Bereichen ist, dass es nicht bereits eine gesetzliche oder tarifliche Regelung gibt.

Einige Beispiele, die sich hinter den Aufzählungen in § 87 Abs. 1 Abs. 1 verbergen:

Nr. 1: Torkontrollen, Rauchverbot
Nr. 2: Einführung von Schichtarbeit, Regelungen zur Teilzeitarbeit
Nr. 5: Festlegung von Betriebsferien
Nr. 6: Aufstellung von Überwachungskameras und Stechuhren
Nr. 8: Mitbestimmung erfasst nur bestehende Sozialeinrichtungen, z.B. Ferienhäuser oder Kindergärten. Die Entscheidung, ob eine solche Einrichtung errichtet oder geschlossen wird und wie hoch die Ausgaben dafür sind, trifft der Arbeitgeber.
Nr. 9: betrifft Werkmietwohnungen nach §§ 565 b ff. BGB
Nr.10: erfasst die Art und Weise, wie Arbeitsvergütungen ermittelt werden, etwa wie ein vom Arbeitgeber benannter Personenkreis nach generellen Merkmalen abgegrenzt werden kann.

> Das Mitbestimmungsrecht des Betriebsrats besteht **nur für kollektive Angelegenheiten**, also nur für Maßnahmen, die kollektive Arbeitnehmerinteressen betreffen.

- Mitbestimmungspflichtige, kollektive Angelegenheiten sind solche, die alle Arbeitnehmerinnen und Arbeitnehmer des Betriebes betreffen
    Bsp.: bargeldlose Auszahlung der Vergütung
- eine Gruppe von Arbeitnehmer des Betriebes erfassen
    Bsp.: Aufstellung eines Urlaubsplans für einen Wohnbereich eines Pflegeheims
- die einen Arbeitsplatz betreffen
    Bsp.: Lage der Pausen für die Pforte
- die zwar einen einzelnen Arbeitnehmer betreffen, aber dennoch kollektive Interessen berührt werden.
    Bsp.: Anordnung von Überstunden an einen Arbeitnehmer. Von allgemeinem, kollektiven Interesse ist hier die Frage, warum nicht ein anderer, vergleichbarer Arbeitnehmer zu Überstunden verpflichtet worden ist.
    Gegenbeispiel: Kommt für die Heranziehung zu Überstunden nach den Umständen des Einzelfalls (Qualifikation, Vereinbarungen im Arbeitsvertrag etc.) nur ein bestimmter Arbeitnehmer in Betracht, werden kollektive Interessen nicht berührt. Ein Mitbestimmungsrecht des Betriebsrats besteht dann nicht.

■ Personelle Angelegenheiten, §§ 92 ff. BetrVG

Hier sind zwei Vorschriften besonders hervorzuheben: die Mitbestimmung bei personellen Einzelmaßnahmen nach § 99 BetrVG und die Mitbestimmung bei Kündigungen nach § 102 BetrVG.

Personelle Einzelmaßnahmen, §§ 99 ff. BetrVG

In Betrieben mit in der Regel mehr als 20 wahlberechtigten Arbeitnehmern hat der Arbeitgeber den Betriebsrat nach § 99 Abs. 1 S. 1 BetrVG **vor jeder Einstellung, Eingruppierung, Umgruppierung und Versetzung** zu unterrichten. Der Arbeitgeber muss die **Zustimmung des Betriebsrats** zu der geplanten Maßnahme einholen. Der Betriebsrat kann seine Zustimmung unter Berufung auf die in § 99 Abs. 2 genannten Gründe verweigern. Verweigert der Betriebsrat seine Zustimmung nicht innerhalb einer Woche nach Unterrichtung durch den Arbeitgeber, gilt die Zustimmung nach § 99 Abs. 3 S. 2 BetrVG als erteilt.

Verweigert der Betriebsrat seine Zustimmung mit einer Begründung, die sich unter die in § 99 Abs. 2 BetrVG anerkannten Gründe einordnen lässt, kann der Arbeitgeber nach § 99 Abs. 4 BetrVG **beim Arbeitsgericht die Ersetzung der Zustimmung** beantragen.

Bis zur Sitzung beim Arbeitsgericht kann der Arbeitgeber die personelle Maßnahme **vorläufig** durchführen, § 100 Abs. 1 BetrVG, wenn s aus sachlichen Gründen dringend nötig ist. Bestreitet der davon zu unterrichtende Betriebsrat die sachliche Dringlichkeit, kann der Arbeitgeber die Ersetzung der Zustimmung des Betriebsrats nach § 100 Abs. 2 S. 3 BetrVG beim Arbeitsgericht beantragen. In diesem Fall prüft das Arbeitsgericht lediglich, ob die Maßnahme aus sachlichen Gründen dringend erforderlich war.

Individualrechtliche Auswirkungen

Die Auswirkungen von Verletzungen des Mitbestimmungsrechts des Betriebsrats auf die Wirksamkeit einer personellen Einzelmaßnahme auf individualrechtlichem Bereich **hängen nach hM von der Art der Maßnahme ab.**

Mit der **Einstellung** iSd § 99 Abs.1 S. 1 BetrVG ist die **tatsächliche Beschäftigung im Betrieb** gemeint, nicht etwa der Abschluss des Arbeitsvertrages. Der Verstoß gegen Mitwirkungsrechte des Betriebsrats auf dem Bereich der Einstellung hat daher nicht zur Folge, dass der Arbeitsvertrag unwirksam ist. **Der Arbeitgeber darf den Arbeitnehmer jedoch nicht beschäftigen.** Der Arbeitnehmer hat gegen den Arbeitgeber einen **Vergütungsanspruch aus Annahmeverzug, § 615 BGB.**

Der Verstoß gegen Mitwirkungsrechte des Betriebsrats bei einer **Versetzung** hat ebenfalls die individualrechtliche Folge, dass dem Arbeitnehmer der neue Arbeitsbereich nicht zugewiesen werden darf. Kann der Arbeitnehmer auf seinem früheren Arbeitsplatz nicht beschäftigt werden, steht ihm seine **Vergütung** ebenfalls **aus § 615 BGB** zu.

Einer **Ein- oder Umgruppierung** liegt dagegen die Bewertung zugrunde, welche Tätigkeitsmerkmale in eine bestimmte Lohngruppe passen. Der Arbeitnehmer hat einen Anspruch auf die Vergütung, die seiner Vergütungsgruppe entspricht. Diesen Anspruch kann er unabhängig von der Bewertung durch den Arbeitgeber oder des Betriebsrats durch Klage am Arbeitsgericht durchsetzen.

Kündigungen, § 102 BetrVG

Nach § 102 Abs. 1 S. 1 BetrVG ist der **Betriebsrat vor jeder Kündigung zu hören.** Eine **ohne Anhörung** des Betriebsrats ausgesprochene Kündigung ist nach § 102 Abs. 1 S. 3 BetrVG **unwirksam.**
>(s. im 7. Kapitel bei den Voraussetzungen einer ordentlichen und außerordentlichen Kündigung)

■ Wirtschaftliche Angelegenheiten, §§ 106 ff. BetrVG

In Unternehmen mit in der Regel mehr als 100 Arbeitnehmern ist nach § 106 BetrVG ein **Wirtschaftsausschuss** zu bilden. Dieser berät wirtschaftliche Angelegenheiten mit dem Arbeitgeber und unterrichtet den Betriebsrat.

In Betrieben mit in der Regel mehr als 20 wahlberechtigten Arbeitnehmern hat der Unternehmer den Betriebsrat nach § 111 BetrVG über geplante und in § 111 S. 2 aufgezählte Betriebsänderungen, die wesentliche Nachteile für die Belegschaft zur Folge haben können, rechtzeitig und umfassend zu **unterrichten**. Betriebsänderungen sind mit dem Betriebsrat zu beraten. Dem Betriebsrat stehen die in § 112 Abs. 1 - 3 BetrVG genannten Mitwirkungsrechte beim Interessenausgleich über die Betriebsänderung zu, allerdings ist eine **Einigung über den Interessenausgleich nicht erzwingbar**. Daneben steht dem Betriebsrat nach § 112 Abs. 1 S. 2 BetrVG ein Mitwirkungsrecht über den Sozialplan zu. Der Sozialplan ist eine Einigung über den Ausgleich oder die Milderung der wirtschaftlichen Nachteile, die den Arbeitnehmern infolge der geplanten Betriebsänderung entstehen. Die **Einigung über den Sozialplan** ist nach § 112 Abs. 4 BetrVG über einen Spruch der Einigungsstelle (s. §§ 76 ff. BetrVG) **erzwingbar**.

Wiederholungsfragen

1. Wie ist das Verhältnis des Betriebsverfassungsrechts zum Tarifvertragsrecht?

   Die Bereiche sind getrennt. Der Betriebsrat vertritt die Interessen der gesamten Belegschaft, die Gewerkschaften vertreten die Interessen ihrer Mitglieder.

2. Gilt das BetrVG für alle Arbeitnehmer eines Betriebs?

   Nein, es gilt nicht für leitende Angestellte, es sei denn das Gesetz sieht ausdrücklich etwas anderes vor, § 5 Abs. 3 BetrVG.

3. Warum findet nicht in allen Betrieben, in denen das BetrVG an sich anwendbar ist, eine betriebliche Mitbestimmung statt?

   Weil es keinen Zwang zur Wahl eines Betriebsrats gibt.

4. Ist die Aussage „In Betrieben, in denen es keinen Betriebsrat gibt, findet das BetrVG keine Anwendung" richtig?

   Nein. Die Mitwirkungs- und Beschwerderechte des Arbeitnehmers nach §§ 81ff BetrVG gehören systematisch zum Arbeitsvertragsrecht und gelten unabhängig von der Existenz eines Betriebsrats.

5. Nennen Sie 3 Organe der Betriebsverfassung.

   Betriebsrat, Ausschüsse, Betriebsversammlung.

6. Welche Vorschriften regeln den Kündigungsschutz für Betriebsräte?

   § 15 KSchG und § 103 BetrVG

7. Ist der Betriebsrat an Weisungen der Belegschaft gebunden?

   Nein, er ist Träger eines freien Mandats

8.	Welche Vorschrift regelt die allgemeinen Aufgaben des Betriebsrats?	§ 80 BetrVG
9.	Wie kann man die Beteiligungsrechte des Betriebsrats nach ihrer Intensität unterscheiden?	Informationsrechte, Anhörungsrechte, Beratungsrechte, Widerspruchsrechte, Zustimmungserfordernisse, Bereiche mit Einigungszwang, Initiativrechte
10.	Erläutern Sie den Satz „Beteiligungsrechte des Betriebsrats sind keine Exekutivrechte".	Der Betriebsrat darf die Rechte nicht selbst durchsetzen. Die Vollziehung ist vielmehr Aufgabe des Arbeitgebers, § 77 Abs. 1 S. 1 BetrVG.
11.	Welche Folgen kann ein grober Verstoß eines Mitglieds des Betriebsrats gegen das BetrVG haben? Rechtsgrundlage?	Ausschluss aus dem Betriebsrat, § 23 Abs. 1 S. 1 BetrVG
12.	Was kann der Betriebsrat tun, wenn der Arbeitgeber grob gegen seine Verpflichtungen aus dem BetrVG verstößt? Rechtgrundlage?	Er kann beim Arbeitsgericht eine Klage auf Handlung, Duldung oder Unterlassung einreichen. § 23 Abs. 3 BetrVG.
13.	Was ist der Unterschied zwischen einer Betriebsabsprache und einer Betriebsvereinbarung?	Betriebsabsprache: muss nicht schriftlich erfolgen, begründet nur Rechte und Pflichten im Verhältnis Betriebsrat und Arbeitgeber Betriebsvereinbarung: muss schriftlich erfolgen (§ 77 Abs. 2 S. 1 BetrVG) und begründet unmittelbar Rechte und Pflichten gegenüber den Arbeitnehmern, § 77 Abs.4 BetrVG.
14.	Erläutern Sie das Prinzip der Sperrwirkung. Rechtsgrundlage?	Vorrang einer Regelung in einem Tarifvertrag mit einer gleich lautenden in einer Betriebsvereinbarung zum Schutz der Tarifautonomie, §§ 77 Abs. 3, 87 Abs.1 BetrVG.
15.	Was ist bei der Anwendung der in § 87 Abs. 1 BetrVG genannten Mitbestimmungstatbestände zu beachten?	Außer in den Fällen der Nr. 5 und 9 sind nur kollektive Regelungen mitwirkungsbebedürftig.
16.	Welche Folge hat die Verletzung der Mitwirkungsrechte des Betriebsrats auf dem Bereich der Einstellung eines Arbeitnehmers?	Der Arbeitnehmer darf nicht beschäftigt werden, er hat einen Anspruch auf Vergütung aus § 615 BGB.
17.	Was ist die Folge einer unterlassenen Anhörung des Betriebsrats vor einer Kündigung? Rechtsgrundlage?	Die Kündigung ist unwirksam. § 102 Abs. 1 S. 2 BetrVG.

Stichwortregister

Abmahnung 23, 74, 80, 85, 95f, 97,106
Aids 16
Alkohol 53, 99
Alkoholismus 36, 73
Amateurboxen 37
Änderungskündigung 63, 79, 85, 88
Anfechtung 12, 14, 17ff, 29, 63, 82
Angestellte
   leitende 71, 111
Angestellter 6, 7
Anhörung des Betriebsrats 61, 68
Annahmeverzug des Arbeitgebers 39
Anzeigepflicht 26, 37, 39, 75
Arbeiter 4, 6, 7, 21
Arbeitnehmer 3
arbeitnehmerähnliche Person 9
Arbeitnehmerähnliche Person 6
Arbeitnehmerbegriff 4
Arbeitskampfrisiko 47, 106
Arbeitsmündigkeit 11
Arbeitsunfähigkeit 26, 35ff, 73, 74
Arbeitsunfall 53
Ausschlussfrist 17, 20, 86, 90, 99
Aussperrung 63, 82, 105, 108
Aussperrungsarithmetik 108
Beschäftigungsanspruch des
   Arbeitnehmers 26
Betätigungsgarantie 93
Betrieb . 3, 5, 8, 27, 51, 58, 62, 71, 77, 106
Betriebsabsprache 115
Betriebsrat 3, 4, 27, 45, 57, 60, 67, 77, 78, 79, 86, 95, 111, 112, 118
   Anhörung 82, 86, 90
Betriebsrisiko 38, 41, 47, 54
Betriebsübergang 57, 60, 64, 67, 82
Betriebsvereinbarung. 22, 24, 59, 114, 115
Boykott 105
Direktionsrecht 10, 21
dispositiv 34
dispositiv 5
Drachenfliegen 37
Druckkündigung 63, 88
Effektivklausel 102
Eingruppierung 117
Elternzeit 36, 67
Fahrlässigkeit
   grobe 51
   leichte 52
   mittlere 51
Freistellung zur Stellensuche 27
Freistellungsanspruch 52
Führungszeugnis 14, 16, 19
Geschlechtszugehörigkeit 13

Gewerkschaft ... 3, 23, 91, 92, 93, 99, 100, 107
Beitritt 11
Gewerkschaftszugehörigkeit 16
Haftung des Arbeitnehmers 49
HIV 16
Individualarbeitsrecht 3
Insolvenz 64, 82
Integrationsamt 67
Kickboxen 37
Koalition 3, 91
Kollektivarbeitsrecht 3
Konfessionszugehörigkeit 16
Krankheit 8, 13, 16, 31, 33, 35, 36, 73
Kündigungsfrist .. 6, 23, 61, 63, 66, 69, 80, 82, 84, 85, 86, 89
Kündigungsschutzgesetz 65
Kündigungsschutzklage 60, 78
Leistungsbereich 23, 28, 75, 80, 83
Meinungsfreiheit 23, 26, 96
Minderjähriger 11, 20
Nachweispflicht 37
Nebentätigkeit 26, 74
Nichtraucherschutz 27
Offenbarungspflicht 16, 20
Personalakte 27, 28, 95
Personalvertretungsrecht 3
Rosinentheorie 101
Schwangerschaft 14, 15, 67
schwerbehinderter Mensch 13, 15
Sportunfälle 36
Streik 4, 36, 88, 92, 105
tarifvertrag 7
Tarifvertrag 3, 4, 10, 16, 21, 22, 24, 27, 59, 69, 99, 101, 102, 104, 116
Umdeutung 86, 90
Umgruppierung 117, 118
Verdachtskündigung 63, 86, 87, 90
Verkehrsunfall 33
Verschulden 39
Verschulden 50
Versetzung 85, 88, 112, 117, 118
Vertrauensbereich 75, 83
Vorsatz 50, 54
Vorstrafe 13, 14
Weisungsrecht 21, 22, 24
Wettbewerbsverbot 26, 106
Wirtschaftsrisiko 38, 43, 47
Zeugnis 27
Zugang 65
   Kündigung 61, 67, 81
Zurückbehaltungsrecht 105

Außerdem erschienen im Richter Verlag

KLAUSURENTRAINING

- BGB AT
- Schuldrecht
- Sachenrecht
- Rechtsphilosophie

STREITSTÄNDE

- BGB Allgemeiner Teil
- Sachenrecht
- Strafrecht BT Vermögensdelikte
- Strafrecht BT Nichtvermögensdelikte
- Staatsorganisationsrecht

sowie

60 GRUNDFÄLLE zum SCHULDRECHT

SCHULDRECHT kompakt

FÄLLE zum ARBEITSRECHT

Das NEUE SCHULDRECHT

Und ganz neu:

WIRTSCHAFTSWISSENSCHAFTLICHE GRUNDKURSE

- Makroökonomik
- Mikroökonomik
- Finanzierung

und zum
Entspannen,
Schmunzeln
und Verschenken:
JURISTISCHE CARTOONS